U0681125

孟琢

著

国学典籍那么好看

《史记》有格局

湖南少年儿童出版社
HUNAN JUVENILE & CHILDREN'S PUBLISHING HOUSE

小博集

·长沙·

图书在版编目（CIP）数据

《史记》有格局 / 孟琢著 . -- 长沙：湖南少年儿童出版社，2024.8

（国学典籍那么好看）

ISBN 978-7-5562-7573-1

Ⅰ . ①史… Ⅱ . ①孟… Ⅲ . ①《史记》—少儿读物

Ⅳ . ① K204.2-49

中国国家版本馆 CIP 数据核字（2024）第 079428 号

GUOXUE DIANJI NAME HAOKAN 《SHIJI》YOU GEJU

国学典籍那么好看 《史记》有格局

孟琢 著

责任编辑：唐 凌 张苗苗	策划出品：李 炜 张苗苗
策划编辑：张苗苗	特约编辑：杜佳美
营销编辑：付 佳 杨 朔	版式排版：马睿君
封面设计：利 锐	插画绘者：紫苏桃子姜 鸠米 qiu（QQ 15187223）

出 版 人：刘星保

出 版：湖南少年儿童出版社

地 址：湖南省长沙市晚报大道 89 号

邮 编：410016

电 话：0731-82196320

常年法律顾问：湖南崇民律师事务所 柳成柱律师

经 销：新华书店

开 本：875mm×1230mm 1/32	印 刷：天津市豪迈印务有限公司
字 数：72 千字	印 张：4.25
版 次：2024 年 8 月第 1 版	印 次：2024 年 8 月第 1 次印刷
书 号：ISBN 978-7-5562-7573-1	定 价：29.80 元

若有质量问题，请致电质量监督电话：010-59096394

团购电话：010-59320018

户 籍 簿

姓 名 司马迁

性 别 男

籍 贯 夏阳（今陕西韩城）

生卒年 约前 145—不详

朝 代 西汉

身 份 史官

成 就 撰（zhuàn）写中国第一部纪传体通史《史记》。
这本书与后来的《汉书》《后汉书》《三国志》合称"前四
史"，位列二十四史之首。

目 录

第一章

司马迁如何咏出『史家绝唱』？

生于西汉的司马迁，亲手打造了中国文化中的一颗耀眼明星——历史上第一部纪传体通史——《史记》。什么是纪传体通史？就是以人物传记为中心、贯通不同朝代的史书。《史记》之前的中国史书，都是按照时间顺序编写历史事件的，称作编年体，也就是按年编写的意思。

　　说起《史记》，相信你都耳熟能详了。不过，我们都听过"知人论世"的说法，要读懂一本书，首先得走进作者的心境与人生，触碰作者所处的那个跌宕（dàng）起伏的大时代。所以接下来，让我们先来认识一下《史记》的作者，讲一讲司马迁的故事。

　　司马迁血液里的史学家基因，早在他先祖那会儿，就已经开始流淌了。中国古代的史官，大多是世袭传承的，司马迁就生活在这样一个史官世家。他祖上几代，都是周朝特别有名的太史①；这样的传承一直持续到汉代，司马迁的爸爸司马谈，也是一位了不起的史官。

司马迁从小沉浸于这样的家族传统中，早早就立下了一个大志向——我一定要像爸爸、爷爷、太爷爷一样，谱写中国恢宏的历史画卷！

大家想一想，要走入历史的世界，自然不仅是"读万卷书"那么简单，更重要的是"行万里路"，亲身感受历史古迹的时光印痕。在司马迁的少年时代，他游历了全国四方。据《史记》记载，他到过江南的绍兴，追寻大禹治水的遗迹；他到过山东的大地，遥想孔子教书的身影；他还到过中原的古城，回望楚汉相争的战场……

可是，这样一个游历四方、意气风发的少年，却遭逢了一场影响他此生的变故：他的父亲司马谈，怀着一个永远无法弥补的巨大遗憾，去世了。

这个遗憾是什么呢？这就要说到当时的大时代了。司马迁父子所处的汉朝，正处在汉武帝统治的时期，国家强盛，威声大振。在古代，如果国运富强，君主就

---

① 太史是史官的官名。

要到泰山之巅，举行封禅①祭祀的大典，表示我朝皇帝建立了伟大功业。可面对这样一场国朝盛事，司马迁的父亲司马谈却偏偏生了重病，无法前往。

司马谈躺在病榻之上，颤颤巍巍地握着司马迁的双手，说道："孩子！我此生还有一大遗憾！从孔子作《春秋》以来，已经四百多年了，可是……却再也没有一部伟大的历史书！我生逢汉运昌隆之时，却已病入膏肓，再无力气记录这个伟大的时代……"

在司马谈的遗憾中，蕴含着历史学家的雄伟气魄，那就是敢于直面历史，攀登高峰，希望写出《春秋》②之后第二部伟大的历史作品，记录大汉王朝的鼎盛时刻。

面对父亲的遗愿，司马迁应声答允，决定继承父亲的夙（sù）愿。可谁也没料到，这样一个"读万卷书，行万里路"的年轻人，这样一个同时肩负先祖传承与父亲遗愿的有志者，即将跌入人生中的最大低谷。

这个大低谷，同样和汉武帝时期的大环境密不可分。汉武帝是大汉王朝最伟大的皇帝，也是一个极有

① 祭天为"封"，祭地为"禅"，封禅就是古代帝王上泰山祭祀天地。
② 《春秋》相传是圣人孔子（鲁国人）根据鲁国史修订而成，记录了春秋二百四十二年的历史，是中国现存最早的编年体史书。

争议的皇帝。他的伟大，在于富国强兵，开疆辟土。他派卫青、霍去病率军进击匈奴，大获全胜；派张骞出使西域，开辟"丝绸之路"，让汉朝的疆域不断扩展。与此同时，他的争议在于穷兵黩武，连年征战。四海之内的人口，都因战争频仍而锐减！

在这样的战争动荡之下，司马迁对汉武帝仍然十分敬仰，忠心耿耿。但是，这样稳定的君臣关系，突然发生了根本性的转折，最终将司马迁推向悲惨的深渊。这个转折的导火索是什么呢？是因汉朝对外征战而引发的"李陵案"。

李陵是谁呢？他是我们熟知的汉朝名将"飞将军"李广①的孙子。他年少有为，在和匈奴的作战中十分勇猛，深得汉武帝的信任。可是有一次，李陵领着区区五千人马，孤军出征，不幸遭遇了匈奴的主力。尽管如此，李陵和他的战士们仍然忠心耿耿，拼死作战。士兵们有时候坚持不住了，但只要李陵高呼一声，便立刻抖擞精神，擦干身上的血污与汗水，继续作战。

---

① 很多诗词里都有李广将军的身影，比如"但使龙城飞将在，不教胡马度阴山""冯唐易老，李广难封"。

战事越发激烈，李陵的士兵们死伤无数，尸体越堆越高，救兵却迟迟不到！司马迁描述这样的场面，称其为"转斗千里，矢尽道穷，救兵不至，士卒死伤如积"！李陵转战千里，箭都射光了，没有退路，救兵不到，士兵死伤成堆。消息传到朝廷后，汉武帝听说李陵奋勇杀敌、以寡敌众的战情，十分高兴，大臣们也纷纷祝贺汉武帝。可毕竟双拳难敌四手，李陵实在寡不敌众，面临着矢尽路绝的困境，看着堆得像小山似的尸体，李陵终究不忍心让将士们白白牺牲，决定投降匈奴。

这个大转折，使得原本振奋的汉武帝勃然大怒："李陵枉为我朝武将，竟敢投降匈奴，辜负朕的天恩！"这个时候，大臣们都害怕了，不知该如何安慰盛怒中的皇帝。思来想去，不知道怎么说，那干脆沉默吧！可是，我们的主人公司马迁不一样。他太尊重汉武帝了，不愿意以沉默来逃避汉武帝的怒火，反而希望实实在在地向汉武帝说出内心的真话。

这天，司马迁求见汉武帝，虽然他和李陵没有太多交情，但决定替李陵说说情，讲讲公道话。他恭恭敬敬地说道："启禀陛下！臣以为，李陵将军虽然陷败，但确实已为大汉拼了性命，奈何援兵不到，他也没有办法！李陵尽心竭力，为了保全将士，才出此下策。希望皇上宽恕他，别再为此生气伤身！"

司马迁这么说，一来是想替李陵说情，二来也是想安慰汉武帝愤怒的内心。谁承想，这可犯了汉武帝的大忌！汉武帝更加愤怒，心想："好啊！你居然敢替这叛徒说话！你跟他莫非是同党？李陵远在匈奴地界，我抓不着他，那就拿你司马迁开刀！"

于是，汉武帝恶狠狠地将司马迁打入死牢，下令对其施加宫刑。所谓"宫刑"，是一种极其残忍的酷刑，会给人的身心带来巨大的羞辱。当时，犯罪的人可以用交钱的方式来减轻刑罚，但司马迁两袖清风、家中清贫，没钱赎罪，也没有一个人敢替他说情。于是，这样一个意气风发的人，这样一个心怀大业的人，这样一个对国家与帝王有着无限忠诚的人，瞬间跌入了人生的低谷，承受着巨大的打击、委屈和耻辱。司马迁自己说道："每念斯耻，汗未尝不发背沾衣也。"什么意思呢？就是说，我一想到这种耻辱，就冷汗淋漓，把后背的衣服一下子就沾湿了！

请你想一想，这个时候，司马迁应该怎么办？是没

有尊严地活着，还是一了百了地死去？这是遭受宫刑之后的司马迁思考的根本问题。他无数次想要结束生命，但又无数次想到自己的抱负、先父的遗愿，还有祖上的荣耀。终于，他决定忍辱负重地活下去。经历了这样的思想斗争，他喊出了那句响彻千古的强音——"人固有一死，或重于泰山，或轻于鸿毛①。"

是啊，人都会死，但有的死亡重于泰山，刻在了历史之中；有的死亡像飞鸿的羽毛一样，轻飘飘地散于四方。

在无尽的黑暗与绝望中，司马迁想起，许多历史上伟大的文学家、史学家、军事家，都在生命的低谷中留下了自己的不朽著作。"屈原放逐，乃赋《离骚》；左丘失明，厥有《国语》；孙子膑（bìn）脚，《兵法》修列；不韦迁蜀，世传《吕览》；韩非囚秦，《说难》《孤愤》。"看着历史上那些古人的背影，无论是浪漫主义诗篇《离骚》的作者屈原、《国语》的作者左丘明②，还是兵法巨著《孙膑（bìn）兵法》的作者孙膑，法家思

---

① 衍生出成语：**重于泰山，轻于鸿毛**。
② 相传他是春秋时期鲁国的史官，与孔子时代相近。中国古代两本历史名著《左传》和《国语》都是他的作品。

想代表作《韩非子》的作者韩非，他们都是在生命的艰难困苦之中，坚持不懈、奋发昂扬，才留下了千古流传的巨著。所以，我司马迁也可以像他们一样！

他坚持了下来，决定用他受刑后全部的岁月、全部的生命，撰写中国历史上的伟大史书——《史记》。

这就是我们要学习的这部历史名著的由来。至于《史记》本身，又是一部什么样的书呢？简单来说，《史记》有三个大：大格局、大境界、大性情。

首先是大格局。从黄帝到汉武帝，三千年的通史，司马迁将它全面地展现出来。《史记》包括"十表、八书、十二本纪、三十世家、七十列传"，本纪是帝王的传记；世家主要讲述王侯封国的历史；列传是重要人物的传记；表用表格的方式，清晰地列出古代人物的世系图谱、史事脉络；书是记述礼乐制度、天文兵律、社会经济、河渠地理的专门史。司马迁运用不同的体裁，共计一百三十卷，五十二万六千五百字，展现出中国早期历史恢宏的面貌。

其次是大境界。《史记》不仅记录了历史事实，更探寻着根本的历史规律，也就是司马迁自己说的"究天人之际，通古今之变，成一家之言"。司马迁思考的是，天命和人事的关系是什么？什么是必然的命运？什么是人类所能达到的自由？历史演变的规律是什么？什么是推动历史的根本力量？可以说，司马迁叩问着最为深沉的历史问题。

最后是大性情。所谓"成一家之言"，体现出《史记》中蕴含的鲜明的史家性情。司马迁善于写豪杰，也善于写悲剧。他不以成败论英雄，既写那些功业辉煌的大人物，也写那些慷慨悲歌的失败者。他不以地位论古今，既写出身显贵的帝王将相，也写那些展现出巨大才华和勇气的普通人。正如鲁迅先生所说，《史记》这部书是"史家之绝唱，无韵之《离骚》"。它既是深厚博大的史书，也是扣人心弦的诗篇。

在这里，我们要和大家一起读这样一部千古奇书。让我们一起品读《史记》，走进最关键的历史瞬间，了解最精彩的历史人物，回顾最难忘的历史记忆。

从古到今，人们为什么要记录历史？记录历史，一是能知道我们的过去，二是便于后人"鉴古知今"。了解先辈的经验和教训，才能更好地做到古为今用。

中国古代有悠久厚重的史官文化，讲究史官精神。从"史官"里的"史"字便能看出。"史"的小篆（zhuàn）字形是 𠂤，中国第一部字典《说文解字》里说："史，记事者也。从又持中，中，正也。"意思是说，"史"字下面是个"又"，古代表示手的意思，上面是个"中"，表示史官记录历史要持中。

什么是持中呢？就是要客观公正。一个良好的史官，在记录历史时，不会因为惧怕君主而隐瞒他们的不良行为。正因为有这样的史官，君主们才会更加注意自己的言行，毕竟大部分君主都想彪炳千秋，不想去世之后，在史书中遗臭万年。

司马迁也是个史官。看完《史记》，你觉得司马迁是个好史官吗？

第二章

鸿门宴：最紧张的历史瞬间

在《史记》里面，有各种各样的历史故事。它们或惊险，或有趣，或温暖，或饱含悲剧色彩。但如果要问，其中哪个故事最扣人心弦？自然首推鸿门宴的故事！

所谓鸿门宴，顾名思义，就是在鸿门这个地方吃一顿宴席。一顿饭而已，有什么可紧张的？要走入这个久远的故事，还得先感受一下楚汉相争[①]的那段历史。

鸿门宴发生在秦朝末年。秦始皇残暴不仁，在他去世以后，秦二世胡亥继位了，他更加荒淫残暴，终于导致天下大乱，群雄逐鹿。在当时的众多英雄中，有两个最重要的核心人物，他们就是刘邦与项羽。

[①] 鸿门宴上，项羽放走刘邦后，自立为西楚霸王，将当时起义的各个领袖分封诸侯，其中，刘邦被封为了汉王。所以，项羽和刘邦之间争夺天下的斗争，也叫楚汉相争。

这两个人的出身与性格都很不一样：刘邦是平民出身①，颇有些泼皮无赖的气质，但却胸怀大志，雄才大略；项羽虽然出身贵族②，勇猛无畏，却过于耿直，缺乏谋略。

说到这两个人的心志性格，要讲讲《史记》中一个非常传神的小故事。话说当年，秦始皇巡游天下，排场奢华，有浩浩荡荡的车队，遮天蔽日的旌（jīng）旗。项羽和刘邦分别目睹了这个场面。项羽直接说道："彼可取而代也。"意思是，我可以取代他。由此可见，项羽豪情万丈，但一点都不委婉。

刘邦也看到了巡游天下的秦始皇，他怎么说呢？他说："大丈夫当如此也。"大丈夫就应该这样！刘邦与项羽一样，有着同样的豪情与野心。但将心中抱负表达出来时，他说的话就比较委婉。这个小故事足以说明，这两个人的性格确实很不一样。在《史记》中，有很多这样极见功力的小细节，两三笔就能表现出不同人物

---

① 刘邦当过最高的官职是泗水亭亭长。什么是亭长？可以理解为基层公务员。他们干的事情挺杂，比如维护当地治安，执行上级命令，处理邻里诉讼等。

② 项羽家世世代代都是楚国的大将，后来楚国被秦国所灭，所以项羽与秦国之间有国仇家恨。

的性格特点。

在秦朝末年，项羽与刘邦都是抗秦义军的领袖。他们约定，谁先打进关中，打进秦朝的首都咸阳，谁就称霸天下。项羽与刘邦的打法不同。项羽坐拥四十万大军，与秦军正面对抗，打败了秦军主力；刘邦只有十万人马，选择从侧面偷袭，提前进入关中，巧妙地打进咸阳。但在这个时候，刘邦犯了一个致命的错误：他听信谗言，竟然封锁了函谷关，不让项羽进来，自己想当王！

项羽被阻，本就恼怒，谁承想，刘邦帐下出了个小人，他找到项羽，将刘邦封锁函谷关是为了称王的消息泄露了出去。项羽一听，勃然大怒："好啊！我手握四十万大军，你胆敢拦我？"

于是，项羽号令三军："明天早上让将士们饱饱地吃一顿！直接出兵，消灭刘邦！"这个时候，刘邦的性命已经悬于一线了。

以上就是"鸿门宴"的前情背景。从项羽号

令三军算起，一直到"鸿门宴"的正式举行，总共有四个"千钧（jūn）一发"。

首先，项羽已经决意在第二天早晨消灭刘邦，但是就在当天深夜，有人却前往刘邦军营之中，通风报信。此人是谁？正是项羽的叔父项伯。他并不是来告诉刘邦，而是来告诉刘邦的谋士——张良。项伯与张良是好朋友，他不希望自己的好友受到连累，于是赶紧前来通知张良："刘邦明早就要被消灭了！你赶紧跑，离开这个是非之地！"

项伯的原意，是来通知自己的好友。可张良并没有自顾自地逃跑，而是赶忙找到刘邦，说道："项羽的叔父项伯来给我通风报信，项羽明天早晨，就要领兵来消灭您了！"刘邦一听，吓坏了。赶紧向项伯求救，以对待兄长的方式尊敬地接待他，并解释道："我入关以后，**秋毫无犯**，封存秦国的府库公产，为了防备盗贼又封锁了函谷关。做这一切，都是为了等项王到来，怎敢反叛？您可得帮帮我！替我跟项羽将军说说好话，事成以后，咱们结为儿女亲家！"项伯一听，回复刘邦道："我可以替你说话，但是，第二天早晨，你必须亲自来找项王，给他道歉。"刘邦赶忙说道："没问题！没问题！"

项伯回到项羽营中，找到了项羽，说道："刘邦毕竟是率先破关中、入咸阳之人。这真是有大功啊！咱们杀他，显得不仁不义，不如明天给他一个机会，让他亲自上门给咱们道歉！"项羽一听叔父的建议，点头答应了。

这么一来，刘邦第二天的灭顶之灾总算暂时躲过。项羽的叔父项伯就是一个"楚奸"，在当晚的千钧一发之际，如果他没有前去报信，没有接受刘邦结为亲家的殷勤邀请，如果他没有连夜劝说项羽，第二天一早，刘邦恐怕就会被项羽消灭了。这就是第一个"千钧一发"。

再说第二个"千钧一发"。第二天一早，刘邦带着几位大臣，去找项羽道歉。他们双方在哪里约定见面呢？就在项羽驻扎的地方——鸿门，这就是"鸿门宴"的来源。在这场宴席上，有几个重要人物。首先，自然是项羽与他的叔父项伯；其次，有一个名叫范增的人。范增是谁？他是项羽的头号谋臣，一心一意地帮助项羽除掉刘邦。

至于刘邦方面，出席这场宴会的有刘邦本人，以

及他的谋士张良等人。到了鸿门宴上，刘邦见到项羽，连忙低头认错："我固然先进咸阳，但绝无独占之意。我是等着大王您来，共商天下大业啊！"项羽一听这话，与项伯所说的一模一样，颇有诚意，杀伐之心当下就淡去不少。

到了吃饭的时候，范增不断用眼神暗示项羽："这是一个大好机会，刘邦身边缺乏保护，赶紧消灭他！"但是，项羽却犹豫起来。他觉得，消灭刘邦，自然很有道理；但昨晚叔父项伯说的话，却也合情合理。于是，项羽沉默着，既不说话，也不答应，假装看不见范增的暗示，迟迟不肯下令动手。

范增看出了项羽的迟疑，想了一个办法。他起身出门，喊来了项羽手下的大将——项庄。范增对他说："咱们大王心慈手软，无法狠心击杀刘邦，只能由你来做了！你进入宴席以后，以助兴为名舞剑，趁其不备，一剑杀掉他！"

就这样，项庄进入帐中，向在座的人说道："大家难得齐聚一堂喝酒，可惜这军营之中，没什么能够助兴的。不如让我给大家表演一下舞剑吧！"话音未落，他拔出佩剑，开始舞蹈。只见剑光闪闪，宝剑逐渐逼近刘邦！此时的刘邦紧张万分，心知此人必是刺客，却找不到理由逃脱险境。剑光越发犀利，项庄和刘邦的距离也逐渐缩短。这就是中国历史上非常有名的典故——**项庄舞剑，意在沛（pèi）公**①。

就在这千钧一发之际，项伯突然发声了："一个人舞剑，还是不够有趣！我与你同舞，这才能为这场宴席增色！"于是，项庄和项伯一同舞剑助兴。《史记》里说，此时的项伯"常以身翼蔽沛公，庄不得击"。什么意思呢？就是在这千钧一发的关头，项庄每次靠近刘邦时，项伯就用身子挡在刘邦前面，像"老鹰捉小鸡"中的母鸡一样。项伯努力保护刘邦，使项庄无法完成刺杀。在第二个千钧一发之际，如果没有项伯的舞剑保护，刘邦也许早就被刺杀了。

还有第三个"千钧一发"。就算有项伯这个"母鸡"的保护，总这样僵持下去，也很危险啊！于是，张良起身出门，赶忙寻找救兵。这个救兵是谁？正是刘邦手下的大将——樊哙（kuài）。谋士张良找到他，赶忙说道："危急时刻，请樊将军入帐！"樊哙一听，说

---

① 刘邦老家在沛县（今属江苏），所以人们叫他"沛公"。

道:"别犹豫了！让我进去！直接和他们拼了！"

当时，樊哙手持利剑，举着一个大盾牌，不由分说地往帐中闯去。门口的卫士拦着他，被他手中的大盾牌撞得连连后退。樊哙冲进了营帐之中，"瞋（chēn）目视项王，头发上指，目眦（zì）尽裂"。他的眼睛瞪得大大的，怒视项羽，头发直往上冲，怒发冲冠，眼眶仿佛要瞪裂了一样。你想想，那眼珠子得瞪多大啊！

项羽一见他，大为震惊，急道："来者何人？"在司马迁的《史记》中，对项羽此时的反应有一句颇为传神的记载："项王按剑而跽（jì）。"什么是"跽"呢？古人在一般情况下，采取跪坐的坐势，把屁股压在腿上，小腿和大腿都近似与地面平行；但是"跽"，则是跪着起来，大腿垂直于地面。"项王按剑而跽"，这是为什么呢？他面对气势汹汹的樊哙，已经第一时间有了防备，直起大腿，将手按在剑柄上。但是他毕竟是天下第一等的高手，尽管防范着闯入的樊哙，却也不至于吓得失色起身。项羽将身子与大腿挺立起来，正是告诉樊哙一个信息："我对你颇有提防，你若想强行动手，我能将你置于死地！"你看，司马迁用一个小细节，就写出了项羽的气魄与武勇。

项羽问道:"你是什么人?"张良一听,赶忙回答道:"这是刘邦的参乘樊哙,乃是一员大将!"项羽一听,心下了然,便道:"真是壮士!赐他酒喝!"樊哙也不客气,当下拜谢过,傲然挺直了身躯,直饮下整整一斗美酒。项羽又被他饮酒时的豪情所打动,继续说道:"真乃壮士!赐之彘(zhì)肩!"什么是彘肩呢?就是咱们今天说的猪腿。当时的宴席服务人员立即给了樊哙一大块生猪腿。樊哙也不拒绝,直接将盾牌往地上一扔,把生猪腿置于盾上,以宝剑切肉,一边切一边吃,当真是豪放无比!

樊哙一边大快朵颐,一边大声对项羽说道:"秦国暴强无道。我的主公刘邦和您一道,消灭了残暴的秦国。在这件事情上,刘邦有大功,请问您为何要杀他呢?这样的行为,和走向灭亡的暴秦又有什么区别呢?"此时此刻,有勇有谋的樊哙凭借自己的豪气与仁义震慑了项羽,项羽一时语塞,竟答不出话来,只能说:"你先坐!"大家看,在这第三个千钧一发之际,倘若不是樊哙的拼死一搏与慷慨陈词,光有项伯这个"母鸡",也救不了刘邦。

再看最后一个"千钧一发"。项伯让项羽犹豫不决，樊哙的话更让他内心震撼。项羽不由得想道："我若真杀了刘邦，确实不合情理！"正是在他犹豫不决的空当，刘邦找到了逃跑的机会。

没过多久，刘邦站起身来，假托自己需要去一趟厕所，便拉着樊哙一道，离开了宴席。樊哙赶忙劝道："咱们赶紧跑吧！"刘邦有些犹豫："我还没向项王告辞，是不是不太好？"樊哙一听，急了："现在**人为刀俎（zǔ），我为鱼肉**！"人家项羽犹如案板上的菜刀，磨刀霍霍；咱们是那案板上的鱼肉，马上要被大卸八块，还告什么辞呢？于是刘邦带着樊哙连忙逃跑，并嘱咐张良道："你千万算好时间，等我们到了营地之时，再向项羽辞谢！"这一去，刘邦犹如鱼归大海，再不复返。

有意思的是，刘邦逃跑，是需要大量时间的，按照当时的脚程，至少得一个小时才能脱险。这一个小时之中，项羽为什么没有反应呢？去厕所需要那么久吗？其实，在这第四个千钧一发的关头，倘若项羽没有想放刘邦一马的恻隐之心，刘邦也必死无疑。

这就是紧张万分的鸿门宴，真是凶险！正所谓"人为刀俎，我为鱼肉"，整整四个"千钧一发"，任何一个环节出了问题，刘邦都必死无疑。刘邦一死，中国的历史也要改写——他日后创立的汉朝或许不复存在。但我们要看到，在每一个环节中，似乎都有奇迹发生。这究竟是命运的奇迹，还是历史人物凭借自身的努力开创的局面呢？世人评说各有千秋。

　　在精彩的历史故事中，我们看到了命运和努力之间的碰撞：命运看天，努力看人，这就是司马迁所思考的天人之际。《史记》并不是抽象的说理，而是通过精彩的故事、鲜活的人物、环环相扣的叙述，将我们带进历史的长河，带进思考的殿堂。生动的历史故事和深入的思考融合、交织在一起，这正是《史记》的魅力所在。

你有没有发现，象棋棋盘中间写着"楚河汉界"，将对战双方分作两大阵营？这个设置，就来自项羽、刘邦楚汉相争的故事。黑棋和红棋以鸿沟为界，各自的疆土由"竖九横五"的纵横线划分，喻指双方要进行"九五之争"——争夺天下。

历史事件对后世的影响是多方面的，它不仅推动着历史的车轮，也催生出我们生活里熟知的小说、戏剧、典故、成语、游戏，甚至会影响我们看待事物的方式，塑造一个民族共同的文化记忆和人文精神。

可以说，历史塑造了我们，而现在，我们也在创造历史。

第三章

乌江自刎：最悲壮的英雄之死

通过鸿门宴的故事，我们可以看到刘邦与项羽这两个性格、气质、出身完全不一样的英雄。他们究竟是如何带领各路豪杰逐鹿中原、争夺天下的呢？在这段历史中，有精彩的智谋，有无敌的勇气，有浩浩荡荡的历史，更有让人感慨不已的人生悲剧。这一章，我们讲讲西楚霸王项羽乌江自刎（wěn）的故事，这是《史记》中最为悲壮的英雄之死。

　　楚汉相争，四年大战。几经周折之后，刘邦终于获得了最后的胜利，在一个名为垓（Gāi）下①的地方，包围了项羽的残余部队。刘邦手下有一员大将——韩

---

① 在今天安徽灵璧县东南，沱河北岸。也有说法称是在河南鹿邑县。

信[①]。他是一代军神，针对项羽布下了重重罗网，也就是所谓的"**十面埋伏**"。直到今天，仍有一首扣人心弦的琵琶名曲，名叫《十面埋伏》。

项羽身处绝境之中，最终失败了。但是司马迁的笔法十分有特点，他并不以成败论英雄，反而浓墨重彩地描述了项羽最后的故事，这是一个失败英雄最后的悲壮。这段故事，保留在《史记·项羽本纪》之中。

"本纪"是《史记》中非常重要的体例之一。在《史记》中，有《周本纪》《秦本纪》《秦始皇本纪》《高祖本纪》等篇目，记载的都是帝王政绩。项羽作为一个失败的英雄，为什么能够被列入"本纪"呢？这正体

---

① 他的故事，集中记载在《史记·淮阴侯列传》里。他曾在项羽帐下效力，因不被重用，投奔刘邦。

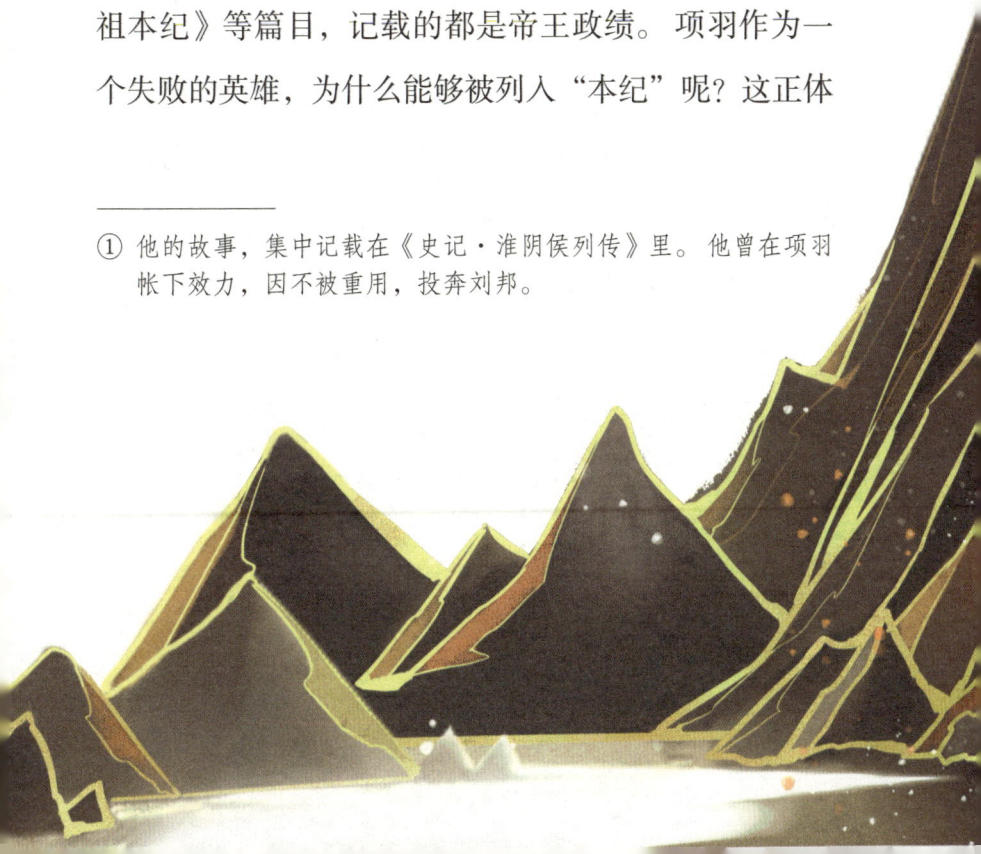

现出司马迁不以成败论英雄的价值观念。司马迁更看重项羽的历史影响，以及他豪迈的英雄气魄。项羽虽然失败，但在秦末战争中是首屈一指的英雄人物，他的历史影响与豪迈气概，让司马迁对他格外重视，故将其纳入"本纪"之中。这种史观，是司马迁《史记》的重要特色。

回到《史记》，让我们一起来看看，西楚霸王项羽的英雄末路。

话说当时，"项王军壁垓下，兵少食尽，汉军及诸侯兵围之数重"。项羽兵马不足，粮食将尽，被刘邦的部队重重包围。这时候，刘邦的大将军韩信使用了攻心之计，派人在项羽的军营四面大唱楚歌①。项羽和他的战士们是楚地人，到了晚上，大家听到"楚歌"不绝于耳，不由得心中大震。

项羽震惊地说道："汉皆已得楚乎？是何楚人之多也？"难道汉兵已经把大楚的地盘都打下来了吗？为什么周围有那么多被俘虏（lǔ）的楚国人呢？

---

① 衍生出成语"四面楚歌"。比喻四面受敌，处于孤立无援的危险困境。

这样一来，项羽营中军心动摇，将士们四处奔逃，军队一下子就溃（kuì）散了。项羽晚上无法入睡，在帐中饮酒。当时，陪伴项羽的有一个美人，名叫虞（Yú）姬；此外还有一匹骏马，叫乌骓（zhuī）马。项羽慨叹悲歌，唱了一首歌："力拔山兮气盖世，时不利兮骓不逝！骓不逝兮可奈何！虞兮虞兮奈若何！①"这首歌的意思是，我西楚霸王项羽气概无双，有拔山之力，可是形势不利，连乌骓马都跑不动了。怎么办啊？怎么办啊？虞姬啊虞姬，我应该怎么办呢？

这是英雄末路的慨叹。虞姬一听，不由得泪流满面。相传虞姬听罢项羽之歌，当即唱和道："汉兵已略地，四面楚歌声。大王意气尽，贱妾何聊生！②"意思是，大王英雄末路，意气将近，臣妾虽是一介弱女子，却也不忍独活！于是，虞姬拔剑自刎。这就是著名的"霸王别姬"的故事。

虞姬为什么要拔剑自刎呢？因为她心里清楚，自己

---

① 项羽写下了"力拔山兮气盖世"，刘邦也写有一首《大风歌》："大风起兮云飞扬，威加海内兮归故乡。安得猛士兮守四方！"疾风劲吹，浮云飞扬，我威震天下，衣锦还乡。怎样才能得到勇士镇守四方！

② 这首诗应该是后人托名虞姬所作。

正是项羽最后的牵挂。她希望项羽在人生路上的最后一步，了无牵挂，不要被自己所束缚。只要自己一死，项羽最后的牵挂也就断绝了。项羽知道后慷慨悲凉，准备突围，进行生命中的最后一搏。

当时，项羽手下有壮士八百，趁着夜色突围奔袭。他们在无边的黑暗中疾速前行，刘邦手下的部队，直到天蒙蒙亮时，才发觉此事，立即出动五千人的部队，一路追击。在追杀过程中，项羽迷失了方向，只能不断与汉军作战。双方短兵相接，打着打着，项羽只剩下二十八骑，而汉军却仍有数千人之众。

这个时候，项羽终于绝望了："啊！我应该是逃不掉了！"

绝望的项羽扭过头去，对着仅剩的人马说道："吾起兵至今八岁矣，身七十余战，所当者破，所击者服，未尝败北，遂霸有天下。然今卒困于此，此天之亡我，非战之罪也。"我起兵八年之久，身经七十余战，战无不胜，攻无不克，所以我才能成为天下的霸王！没想到，今天我竟受困于此，此乃上天要亡我啊！

如何能够证明他的话呢？项羽接着说道："今日固决死，愿为诸君快战，必三胜之，为诸君溃围，斩将，刈（yì）旗，令诸君知天亡我，非战之罪也。"今天我们可能都要战死，但我愿意为诸君痛痛快快地打一仗！我一定要三战三捷，击溃重围，斩杀汉军大将！而且，我还要砍倒一面大旗，让你们知道是上天亡我，不是我打不过刘邦！

你看，在必死的绝境中，项羽爆发出了英雄气概！只见他大喝一声，从山上往下疾驰而去，突围冲击。迎面的汉军看到项王杀来，当即溃散。项羽抓住机会，冲进汉军阵营深处，直接斩杀了一员大将。

此时，又有追兵围了上来。项王瞋目而斥之，瞪大了眼睛，大喊一声："呔（dāi）！"汉军一见，人马俱惊，退避数里。于是，项王再度冲杀，斩杀敌军一百余人。一番战斗过后，项羽将二十八骑再度集合起来，清点人数，竟然只损伤了两骑！项王一见，说道："怎么样？我说得对不对？"剩下的二十六个战士跪倒在地上，纷纷说道："正如大王所说！"

项羽尽管勇猛，但终究寡不敌众，逐渐落入下风。突然间，最后的机会来了！当时的乌江亭长驾着一艘小船赶来，对项羽说："我们江东地方虽小，却拥有数十万人，足以称王！现在我有船，刘邦的汉军却没有。我载着大王您一个人，回到江东，卷土重来！您看如何？"

项羽听罢，仰天长啸，笑道："天之亡我，我何渡为！籍与江东子弟八千人渡江而西，今无一人还，纵江东父兄怜而王我，我何面目见之？纵彼不言，籍独不愧于心乎？"上天要我灭亡，我回去又有什么意思呢？况且当年我与江东子弟八千人渡江而来，如今无人生还，只有我一人回去，我又有何颜面与江东父老相见？

于是，项王将乌骓马送给亭长，带着剩下的战士，下马步战，与汉军短兵相接。项羽一人斩杀汉军数百人，自己也受了重伤。英雄末路之际，项羽拔剑自尽，在鲜血与兵刃中结束了自己的一生。

这就是西楚霸王的乌江自刎。

英雄末路，悲壮慷慨，虽然到了绝境之中，项羽却仍然豪情万丈，令人感叹不已。西楚霸王乌江自刎的故事不仅打动了我们，也打动了无数的文人墨客。北宋文学家李清照有一首名诗："生当作人杰，死亦为鬼雄。至今思项羽，不肯过江东。"项羽生为人杰，哪怕

死了也是鬼中豪杰。他这种不过江东而死的气概，真是令人追忆不已。

在项羽乌江自刎的故事中，我们不仅被他的气概打动，还能够看到《史记》的写史特点和司马迁的真性情。首先，《史记》写英雄、赞英雄，却不以成败论英雄。其次，《史记》不仅饱含对历史人物的深情，同时也蕴含着深刻的历史反思，启发我们不断思考。

乌江自刎故事的关键是：项羽为什么会失败？刘邦为什么能成功？项羽的失败真是天意吗？其中有没有他自身的问题？项羽不过江东，固然是英雄的骄傲；但如果他回到江东，卷土重来，结局又会如何呢？项羽应不应该过江呢？种种问题，抛给了历代的读者，也抛给了我们。在《史记》中，精彩的故事、动人的历史和深入冷静的思考融合在一起，这正是它引人入胜的地方。

知识 拓展

　　项羽的"力拔山兮气盖世"，尽显英雄末路的悲哀，他为什么会失败呢？在《史记·高祖本纪》中，韩信曾评价过项羽，他认为项羽"其强也弱"，看着很强大，但实际上很软弱。

　　他总结了项羽的几个缺点：第一，战斗力很强，但却是匹夫之勇；第二，待人显得恭敬慈爱，但手下的人立功了，却不舍得奖赏；第三，背信弃义，杀掉了义帝怀王；第四，放弃关中，选择回到楚地，在政治决策上很不明智；第五，残忍暴虐，军队所经之地，没有不被摧残毁灭的。

　　看看不同史书对项羽的不同记载，你认为韩信说得对吗？

第四章

完璧归赵：
最智勇的外交使者

在《史记》中，不仅有威风凛凛的大英雄，还有智勇双全的外交家。他们凭借自己的三寸不烂之舌，活跃在列国外交的舞台上，为我们留下了精彩纷呈的故事。这一章里，我们将为你介绍《史记》中最智勇双全的外交家——蔺（Lìn）相如。讲讲历史上著名的"**完璧归赵**"的故事。

这个故事，讲述的是秦王与赵王之间的博弈（yì）。话说当时，赵王得到了一块非常珍贵的和氏璧①。秦王听说了这一消息，十分心动。秦王历来贪婪，每每看到稀有的宝物，便总是想着："我的！我的！都是我的！"于是，秦王给赵王开出了条件："我要用十五座城

---

① 和氏指的是卞（biàn）和，这块玉璧用他在荆（jīng）山采集的玉石制成。关于它被发现的故事，跌宕起伏，你可以在《韩非子·和氏》篇里一探究竟。

池，来换取你的和氏璧！"大家看，小小一块璧玉，竟然价值十五座城池，这就是成语"**价值连城**"的来源。

　　这时候，赵王就感到为难了。究竟给还是不给呢？赵王心想："如果我将和氏璧交给秦王，他却临时毁约，拒绝兑现十五座城池的承诺，那我不就受欺负了吗？可如果不将和氏璧交给秦王，那就是不给他面子。在强大的秦国面前，我难免要挨打！"而且，最为棘（jí）手的问题在于，赵国急需一个处理此事的使者，负责秦赵之间的沟通。究竟由谁来担当这一重任呢？

　　放眼赵国国内，举国上下竟难以找到一个有能力胜任的使者。于是，当时的大太监缪（Miào）贤推荐了一个叫蔺相如的人。赵王召见了蔺相如，对他说道："秦王以十五城请易寡人之璧，可予不？"秦王想用十五座城池，换取我的和氏璧，要不要把和氏璧给他呢？蔺相如回答道："秦强而赵弱，不可不许。"秦国强大，赵国弱小，不得不把和氏璧交给秦国。

　　话虽如此，赵王接着询问道："倘若秦国得到璧玉后，拒绝兑现承诺，我们不就上当了吗？到时候又有什么办法呢？"蔺相如听了，沉稳地回答道："如果我们将和氏璧给了秦国，而秦国却不给我们城池，那就是他们骗人，理亏；如果他们提出以城换璧的请求，而我们却拒绝接受，那就是我们理亏。权衡得失，还是将和氏璧给秦国。宁可秦国理亏，不能赵国不占理。"

赵王一听，觉得颇有道理。可是，谁能够成为持璧往秦的使者呢？蔺相如说道："王必无人，臣愿奉璧往使。城入赵而璧留秦；城不入，臣请完璧归赵。"大王您如果确实无人可派，那么我愿意前往。我此番使秦，要么带着十五座城池归来，要么带着完整的和氏璧归来！这就是"完璧归赵"的成语来历。

蔺相如大义凛然，担当起极为艰难的外交使命。他拿着和氏璧，来到了秦国。秦王见到和氏璧，把玩不止，十分开心："哎呀！可算将这块宝玉弄来啦！"只见秦王叫来身边的美女与宠臣们，让他们轮流传看。大家一边欣赏，一边"皆呼万岁"。大家纷纷说道："漂亮！漂亮！大王万岁！"

秦王的态度非常嚣张。骗人成功了！蔺相如一见，感到形势不对——秦王摆明了没有兑现承诺的意思！可是，和氏璧此时已经到了秦王手里，怎么办呢？骗回来！

蔺相如上前一步，对秦王说道："璧有瑕，请指示

王。"这块和氏璧尽管珍贵，但也小有瑕疵，让我指给您看看吧！秦王一听，好奇了，便将和氏璧交给了蔺相如。蔺相如一接过和氏璧，当即退后数步，背靠在柱子上，防止有人在身后偷袭。只见他"怒发上冲冠"，头发仿佛要把帽子顶起来了，气概非凡。

蔺相如对秦王说道："我们大王非常尊重您，听说您要换取和氏璧，大臣们都不放心，觉得您要骗人。但是我坚持认为，赵国不能和秦国撕破脸，还是应该将和氏璧送来。于是，赵王斋戒五天，命我恭恭敬敬地把这块璧送给您。但是，您又是什么态度呢？您没有礼貌，将珍贵的和氏璧交给这些美人、宠臣把玩，您对得起赵王的隆重态度吗？对得起赵国的诚意吗？而且，我看大王并没有兑现城池的意思，所以，我把这块璧玉又拿了回来！您如果一定要将它夺过去，我的脑袋就与和氏璧一起撞碎在柱子上！"

秦王一见，确实感受到了蔺相如的勇猛气概。而

且更重要的是，绝对不能让这块和氏璧碎了！想要的东西，怎么能让它受损？于是，秦王赶紧命人拿来地图，向蔺相如道歉："你看！就是这一、二、三、四、五、六、七、八、九、十、十一、十二、十三、十四、十五，十五座城池，以后就是你们赵国的了！"

秦王的道歉看似颇具诚意，其实不过是他的缓兵之计罢了。蔺相如完全清楚秦王的心思，心想："我们要的是城池土地，不是地图上的几个图标！你既然用了缓兵之计，那我也将计就计！"

于是，蔺相如说道："当初，我们大王斋戒五日，方才命我持璧来秦。您如果要获得璧玉，也应该先斋戒五日！而且，您要用最隆重的典礼来迎取这块璧玉。否则，我就将它砸碎！"

这样一来，秦王没有办法了。他心想："不就是斋戒五日吗？不就是举办典礼吗？五日之后，再取璧玉不迟！"于是，秦王开口道："就听你蔺相如的吧！"

但是，就在秦王斋戒的五日当中，蔺相如干了一件狠事——他算准了秦王毫无诚意，便让自己的随从微服出行，带着和氏璧悄悄跑回赵国——完璧归赵。但是，和氏璧固然被带回了赵国，可蔺相如五天以后，还要面见秦王，这就让他陷入了巨大的危险之中！

五天以后，秦王设下隆重的典礼，迎接蔺相如。他一见到蔺相如，便急不可耐地说道："你看！典礼我已经举办好了！把你的和氏璧交出来吧！"

蔺相如听了，振振有词地回答道："秦自缪公以来二十余君，未尝有坚明约束者也。臣诚恐见欺于王而负赵，故令人持璧归，间至赵矣。"

在这里，"见欺于王"的"见"表示被动，就是被秦王欺骗的意思。蔺相如的意思是，你们秦国从祖先秦缪公开始，没有一个守信的。说白了，你们祖祖辈辈都是骗子！我非常担心被你们秦国欺骗，对不起我们赵国。所以，我早就悄悄派人将璧玉送回了赵国，完璧归赵！

秦王一听，眼睛瞪起来了："天啊！你居然敢戏要寡人！"蔺相如接着说道："不要紧！大王您想一想，秦强赵弱，您说要和氏璧，我不就马上送过来了吗？这说明我们赵国是完全有诚意的。所以说，您如果真想要这块璧，也很简单——秦国先把十五座城给赵国，我们一定把和氏璧送来！赵国岂敢为了和氏璧而得罪秦国？当然了，我也知道自己骗了您，其罪难逃。干脆您就在这庙堂之上把我煮了吧！我并不怕死①，请您好好想吧！"

秦王和群臣面面相觑，被蔺相如说得哑口无言。怎么会有这样的人呢？他口口声声说我们秦国君主祖祖辈辈是骗子，可明明他才是超级大骗子啊！秦王的左右近臣大怒，纷纷建议处死蔺相如。秦王却转念想道："此人实在勇猛过人，若将他杀了，同样得不到和氏璧，而且秦国与赵国就会彻底撕破脸。与其如此，不如厚待蔺相如，让他返回赵国，料那赵王也不敢因为一块璧玉而欺骗大秦！"

于是，秦王仍然举行了典礼，将蔺相如送回了赵国。大家看，蔺相如真是了不起！他智勇双全，反应敏捷，思路非常清晰。而且，他胆大如斗，敢于在秦王隆重的庙堂典礼上，公开与众人对峙。此外，蔺相如的口才也十分出色，说出的话有理有据。

---

① 司马迁夸蔺相如"知死必勇，非死者难也，处死者难"。知道要死却不害怕，必定是勇敢的人。死本身并不难，而敢于面对死才是难事。面对秦王和死亡，很多人会怯懦，但蔺相如的勇气却如熊熊烈火。

但是，对他的这种行为，应该如何理解呢？历史上的评价分成两派：一派觉得，蔺相如真是大英雄，十分了不起；另一派则认为，这样做不对。为什么呢？因为这样的行为会给赵国带来危险。如果秦国翻脸了怎么办？赵国的信用还要不要呢？

对此，《史记》的态度很鲜明，司马迁认为蔺相如是一个了不起的英雄人物。要知道，"完璧归赵"是一种非常规的外交行为。在常规的外交行为中，两国守信，任何一方说谎都违背了外交的道义。但正所谓"弱国无外交"，在秦国明显不守信用的关头，赵国还能盲目地守信吗？这个时候，正需要绝处逢生之法。

对蔺相如来讲，一旦他按照常规方法处理此事，就不可能顺利地完璧归赵。那要怎么办呢？只能拼死一搏，置之死地而后生。

所以司马迁怎么评价蔺相如呢？他说

"相如一奋其气，威信①敌国"。蔺相如奋发出他的英雄之气，这种声威与气概，充分地震慑了敌国。在历史绝境中，如果一个人能够愤然一搏，激发出无限的尊严与力量，奇迹般地扭转形势，在司马迁看来，这就是真正的英雄！

---

① 在这里，"信"通"伸"，是伸张的意思。

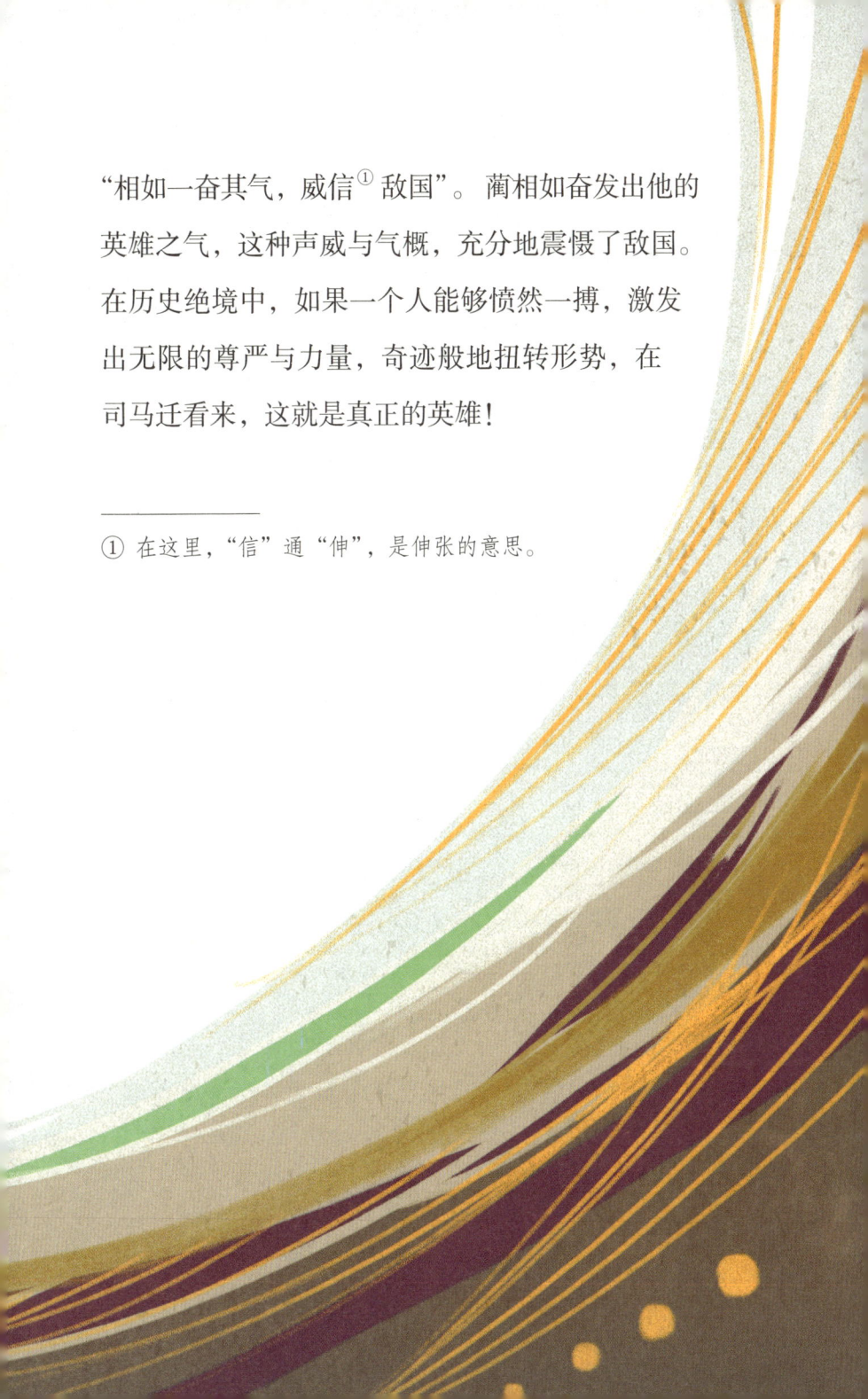

赵国为什么怕秦国呢？

当时是秦昭襄王当政。秦国经过商鞅变法，等他继位的时候，国力已经十分强大。公元前293年，秦国战神白起率军在伊阙（今河南洛阳龙门）大败韩国、魏国联军，斩首二十四万人，一下子攻下了五座城池。面对这样强悍的秦国，赵国怎么会不胆寒呢？

都说"弱国无外交"，赵国这么弱，面对强秦是不是只能低三下四？并不是！充当外交官的蔺相如就通过自己的智慧维护了国家的利益与尊严。《史记》中有不同的外交官，看看他们的故事，想一想，他们是如何用智慧维护国家权益的？再看看新闻，思考一下，在国与国之间产生矛盾的时候，如果你是一个外交官，会怎么做？

第五章

负荆请罪：
最坦荡的君子胸怀

在上一章中，我们介绍了智勇双全的外交官蔺相如"完璧归赵"的故事。在司马迁的《史记》里，除了"完璧归赵"以外，还有一个与蔺相如密不可分的故事，那就是廉颇对蔺相如的"负荆请罪"。在这个故事中，我们可以看到君子坦荡磊落的胸怀。

蔺相如与廉颇的故事，收录在《史记》的《廉颇蔺相如列传》中。在一篇列传的标题里，有时会并列出现不同的人物，这叫"合传"，是《史记》的体例之一。合传中的人物，或者是类型相似的群体，例如《仲尼弟子列传》记载的都是孔子弟子的言行事迹；或者是观点相近的思想家，例如《孟子荀卿列传》，记载的是先秦大儒孟子与荀子的故事；或者都是一代名将，例如《白起王翦（jiǎn）列传》，记载的是白起与王翦两位秦国名将的用兵事迹。

总之，合传中的人物，往往有着千丝万缕的关联，正如廉颇与蔺相如一样。

　　廉颇是谁呢？他是赵国的一代名将。此人善于攻坚，勇于吃苦，为国家立下了汗马功劳。在当时，他是赵国的大将军，身份显赫。但没想到，蔺相如竟然直上青云，成了赵国的名人，隐隐威胁着廉颇的地位。说起蔺相如，在上次完璧归赵以后，他还做了一件勇敢的事。

　　话说完璧归赵以后，秦国、赵国双方都不满意，怎么办呢？秦王说，为了表示两国友好，不如咱们举行一场会盟吧！但是赵王却畏惧秦国，不敢前往。为什么呢？因为一旦秦国有阴谋，暗中派出刺客，那可真是太危险了！要知道，秦国可是有前科的，秦王（秦昭襄王）二十来岁时，曾在会盟时扣押了楚怀王，要挟他割让土地。于是，廉颇、蔺相如等大臣们纷纷商量：能不能不去赴约呢？不行，必须要去！倘若拒绝前往，则"示赵弱且怯也"，显得我们赵国软弱又胆小。赵王听了，也觉得有理，只好惴（zhuì）惴不安地参加了这场会盟。

　　陪同赵王出行的，是使者蔺相如；廉颇则带领着大军，留守赵国。临别之际，廉颇对赵王说道："我计算大王来回的路程，需要三十天。倘若三十天后，您仍然回不来，那恐怕就是被秦国挟持了。一旦出现这种情况，我恳请立太子为王，以防秦国将您绑架之后，以此要挟赵国！"赵王听了，深知江山社稷（jì）为重，便答应了廉颇的请求。

廉颇作为一代老臣，时时刻刻以国家为重，一旦赵王被挟持，国不可一日无君，便请立太子为王。赵王虽然答应了，但心里难免不舒服——他不想被挟持啊！这便是赵王心中的一个小阴影。

到了会盟开始的日子，秦王、赵王一同饮酒。酒过三巡，秦王突然说道："我听说赵王善于奏乐，那么您给我鼓瑟①如何？"赵王不敢拒绝，只好为秦王鼓瑟。这时，秦国的御史立刻动笔记录："某年月日，秦王与

---

① 瑟和古琴、古筝一样，都是古代的弹拨乐器。

赵王会饮，令赵王鼓瑟。"秦王与赵王吃饭，秦王命令赵王像乐人一样鼓瑟助兴！这样的事情被御史写进历史中，那可真是太丢人了！

蔺相如见了，当即走上前，说道："我们赵王也听说秦王善于演奏秦国的音乐，请您为我们击缶（fǒu）！"什么是击缶呢？缶是盛酒的器皿，秦国人喝酒喝开心了，喜欢一边击缶打拍子，一边唱歌。简单说，就是拍坛子，完全不是正经音乐！让秦王给赵王拍坛子，秦王大怒，立刻拒绝了。

蔺相如听了，不予理睬，抱着一个坛子向秦王走去，说道："请您击缶！"秦王自然还是不肯，严厉地拒绝了。但此时，蔺相如不断往前走，与秦王的距离越来越近。他厉声说道："五步之内，相如请得以颈血溅大王矣！"我们现在离得很近，不到五步，我的鲜血完全可以溅到你身上！这是什么意思？这是赤裸裸的威胁——你不拍坛子，我就和你拼命！

没办法，秦王只好不情不愿地拍了一下坛子。蔺相如见了，马上转头告诉赵国御史："将这个场面写进史书中！秦王为我们赵王击缶。"如此一来，秦王的面子丢大了。

秦国的大臣一看，不能让自己的国君如此受欺负啊！于是大臣们说："请赵国送秦国十五座城池，作为献给秦王的寿礼！"蔺相如毫不犹豫地回答道："好啊，没问题！但也请秦国将首都咸阳送给我们，作为送给赵王的寿礼！"一来一回，针锋相对，蔺相如坚决捍卫赵国的尊严，词锋锐利，勇敢无畏。整场会盟中，秦国都拿赵国没办法。

另一方面，老将廉颇重兵把守赵国边境，秦国也不敢轻易攻打赵国。在廉颇心里，这才是外交取胜的根本原因。但在赵王眼里，他只被眼前的蔺相如所折服——他真是太厉害了！要是没有蔺相如，我不仅会被羞辱，甚至还可能被挟持呢！他就是赵国最好的大臣，我要让他担任上卿①，让他成为赵国的第一人！

这时候，蔺相如与廉颇的矛盾开始明晰起来。赵王只看重蔺相如，命他坐在廉颇之右。当时以右为尊，这说明蔺相如虽然和廉颇一样都是上卿，但地位已

_____

① 春秋时期，卿这一官职分上中下三等，上卿的地位最高。

然超越了廉颇。廉颇很不甘心——明明我的功劳大！如果没有我陈兵以待，秦王一定不会善罢甘休；蔺相如不过逞口舌之能，凭什么获得如此殊荣呢？而且，我身经百战，建功立业，岂是他一个逞口舌之能的人能比拟的？"相如素贱人，吾羞，不忍为之下。"蔺相如就是一个地位卑贱之人①，怎么能抢走我赵国第一人的身份呢？真是奇耻大辱！

大怒之下，廉颇到处向别人说："我见相如，必辱之！"等老夫看见蔺相如，一定狠狠羞辱他，让他下不来台！

如此一来，蔺相如与廉颇该如何相处呢？蔺相如听说了廉颇对自己的怨愤之情，应对办法只有一个字：躲！上朝时，他装病请假，不与廉颇争位置；出门时，远远看见廉颇，便赶紧闪避，驾车钻进小胡同里。

蔺相如的门客见了，都感到十分懊恼："这可真是太丢人啦！"于是，他们纷纷向蔺相如说道："我们当年之所以追随您，是因为觉得您乃盖世英豪。如今您与

---

① 这里是指蔺相如出身不高，没发达前不过是宦官缪贤的舍人（门客）。

廉颇同朝为臣，您的地位更在廉颇之上。他说要羞辱您，您非但不反抗，还像老鼠躲猫似的，丢人现眼！我们实在咽不下这口气，想辞职了！"

蔺相如听了，哈哈大笑，说道："你们别急着走，听我说几句话。你们觉得，廉颇将军和秦王相比，谁更厉害？"

门客们一想，纷纷说道："那自然是秦王啦！廉颇将军再厉害，还是比不上秦王。"

蔺相如接着道："夫以秦王之威，而相如廷叱（chì）之，辱其群臣。"秦王那么厉害，可是我不仅敢当众斥责他，甚至连他的臣子也一起斥责了！那么，我为什么让着廉颇将军呢？

门客们听了，不由得思索起来，逐渐沉默。

蔺相如叹了口气，开口道："你们要知道，秦国之所以不敢为难赵国，是因为我与廉颇将军二人在。如今两虎共斗，其势不俱生，我们一旦撕破脸，两虎相争，必有一伤！届时，赵国将如何抵御强大的秦国呢？所以，我只能忍让，先国家之急而后私仇，将国家大事放在私人恩怨之前！"

这番话十分感人，充分彰显出蔺相如的深明大义。

没过多久，蔺相如与门客的对话便传到了廉颇的耳朵里。廉颇一听，深受震撼：这个所谓的"贱人"，可是一个真君子啊！这时候，廉颇应该怎么办呢？他有三种选择：第一，固执己见，继续仇视蔺相如；第二，不再为难蔺相如，悄悄转变态度；第三，公开道歉，表明自己的后悔之意。

哪种方案最难做呢？自然是公开道歉。可廉颇却主动选择了这种最困难、最谦卑的方案。

当时，廉颇"肉袒负荆"，光着膀子，背着荆条，登门向蔺相如道歉。这是什么意思呢？这便是告诉蔺相如：我是个罪人，请您来鞭打我吧！见到蔺相如以后，廉颇倒头便拜："鄙贱之人，不知将军宽之至此也。"我是个鄙贱的人，不知道您竟如此宽容！

分析起来，这句话十分有意思：第一，廉颇此前称蔺相如为贱人，认为他地位低下；如今却说自己鄙贱，十分实在。第二，廉颇称呼蔺相如的方式也耐人寻味。"不知将军宽之至此也"，廉颇将蔺相如称为"将军"，但问题是，蔺相如是将军吗？他是谋士文臣啊！那廉颇为什么这么说？大概在他的潜意识中，已经完全把蔺相如看成了自己人，所以称他为"将军"。

你看，一个称谓就能体现出古人的心理变化，这就是司马迁的传神之笔。

通过流传千古的"将相和"的故事，我们看到了中国古人的宽大胸怀与仁义之心，也看到了令人感动的坦荡友情。在《史记》中，司马迁特别善于书写动人的友谊。除了廉颇、蔺相如之外，还有管仲和鲍叔牙[①]、魏公子和侯嬴[②]，这些故事都是值得阅读的精彩篇章，充分体现了人性的光辉。

说起来，司马迁喜欢书写友情，也是因为他自己太向往真正的朋友了。在他落难之际，"交游莫救，左右亲近不为一言"，以前的朋友没有一个人前来相救，原本亲近的人，甚至连一句话都不为自己说，司马迁多么伤心啊！一个有过如此痛心感受的人，却书写着那些感人至极的友情故事，真是令人唏嘘不已！

[①] 见《史记·管晏列传》。

[②] 见《史记·魏公子列传》。

1205 年，六十六岁的辛弃疾来到京口北固亭，心中感慨万千，写下了《永遇乐·京口北固亭怀古》。

永遇乐·京口北固亭怀古

千古江山，英雄无觅孙仲谋处。舞榭歌台，风流总被雨打风吹去。斜阳草树，寻常巷陌，人道寄奴曾住。想当年，金戈铁马，气吞万里如虎。

元嘉草草，封狼居胥，赢得仓皇北顾。四十三年，望中犹记，烽火扬州路。可堪回首，佛狸祠下，一片神鸦社

gǔ　　píng shuí wèn　　lián pō lǎo yǐ　　shàng néng fàn fǒu
鼓 。 凭谁问：廉颇老矣， 尚能饭否？

　　这首诗里的"廉颇老矣，尚能饭否"是什么意思？辛弃疾为什么要关心廉颇老了时饭量如何呢？

　　其实，这里用到的是廉颇的典故，出自《史记·廉颇蔺相如传》。

　　赵惠文王去世后，即位的是赵孝成王，再之后是赵悼襄王。廉颇不被重用，离开了赵国，定居在魏国大梁。后来，由于赵国屡次受到秦国的侵略，赵悼襄王就在想是否重新任用廉颇。于是，他派出使臣前去探望廉颇，评估廉颇的身体情况。

　　廉颇虽已步入老年，但仍希望能为赵国效力。他当着使臣的面，一顿饭吃了一斗米、十斤肉，又披上铠甲，骑上骏马，表示自己老当益壮，可堪重任。

　　谁料，廉颇的仇人用重金收买了使臣。使臣回去后向赵悼襄王报告说，廉将军人虽老，但饭量还不错，就是吃顿饭的工夫，去了三趟厕所。赵悼襄王觉得廉颇老了，便不再任用他。

　　辛弃疾写这首诗时，正值朝廷筹谋北伐。六十六岁的辛弃疾空有一腔报国热血，却不能被朝廷派去沙场杀敌。他和廉颇一样，老将迟暮，空有热血，报国无门，怎能不心生感慨啊！

第六章

火牛之阵：最精彩的绝地反击

在漫长的历史长河中，充满各种各样血与火的记忆——由中国古代精彩纷呈却又冷酷无情的战争事件组成。在《史记》中，司马迁为我们展现出古代战争的高超智慧。其中，有一场精彩的绝地反击之战，令人十分难忘，这就是田单火牛阵的故事。田单是齐国人，田是齐国的国姓，但田单并不是什么大贵族，而是齐国王室的远房亲戚。在齐湣（mǐn）王当政的时候，他不过是管理临淄（zī）集市的小官。是当时齐国的亡国危机，把他推到了历史的舞台中心。

　　在春秋战国，齐国一直是个强大、富庶的国家，怎么会有亡国危机呢？故事要从齐宣王的时候说起。在那个时候，齐国北边的燕国发生内乱。当时燕国的国君是燕哙王，他被国相子之狠狠地忽悠了一番。子之说："您想成为圣人吗？那就要像圣人一样，不要搞世袭制，而是要行禅让制。"什么是禅让？这是一个古老的制度，国君不把君位传给自己的儿子，而是择贤让位。

听上去很美好，问题在于，谁是燕国的贤人呢？显然是国相子之。子之打着"禅让制"的旗号，其实是想篡（cuàn）夺君位。这么明显的阴谋，糊涂的燕哙王居然相信了，真把君位让给了子之。这样一来，他的太子可不乐意了，便要夺回君位，与子之大战一番。燕国内乱，这就给了齐国可乘之机。

趁你乱，要你命。齐宣王发兵讨伐燕国，只用了五十天，就迅速打进了燕国的都城，杀掉了子之。问题在于，齐国军队并不是为燕国平定内乱，而是赤裸裸的侵略。他们抢夺燕国的宝物，杀害燕国的人民。这样一来，燕国与齐国结下了死仇，燕哙王的太子几经周折，终于即位，这就是历史上鼎鼎大名的燕昭王。他励精图治，招揽贤者，一心复仇。后来，齐宣王去世，齐湣王即位，燕国也做好了复仇的准备。在大将乐毅的指挥下，燕国联合诸侯，攻入齐国，一连打下七十多座城池。

当时，齐国只剩下莒（Jǔ）和即墨两座孤城，国家命运真是悬于一线！

危难之际，田单就在即墨城中，当时，即墨大夫战死，城中人群龙无首，大家纷纷推荐田单担任主将。他们为什么会信任一个名不见经传的集市管理员呢？要知道，当初临淄城破的时候，城中贵族纷纷逃难，驾着马车便往城外狂奔。唯独田单没有着急，别人赶路，他在修车！

修车？是田单的车坏了吗？不是的，他是在给车进行特殊加固。他把车轴末端伸出来的部分，全部锯下来，再用铁笼加固车轴。做完了之后，再带着家人出逃。当时齐国的大街上，全都是逃亡的马车，你撞我，我撞你，很多车被撞坏了，车主人逃不掉，都成了燕人的俘虏。唯独田单的车，无比结实，绝尘而去，最终到了即墨。这件事传播开来，齐国人都认为他足智多谋，于是推举他为将军。

足智多谋的田单，确实没让齐国人失望，他担任即墨守将以来，用了三大计策：

第一个计策，是反间计。田单清楚，燕国大将乐毅是不世之才，否则也不能把齐国打得只剩下两座城池。只要乐毅统兵，齐国就很难击败燕国。怎么办

呢？正在他犯愁的时候，机会来了。燕昭王去世了，即位的是燕惠王，昭王无比信任乐毅，惠王却和这位名将有矛盾。于是，田单派人在燕国散布谣言："齐王已死，城之不拔者二耳。乐毅畏诛而不敢归，以伐齐为名，实欲连兵南面而王齐。齐人未附，故且缓攻即墨以待其事。齐人所惧，唯恐他将之来，即墨残矣。"齐湣王都已经死了，齐国只剩下两座城池，乐毅那么大的能耐，为啥打不下来呢？其实，他是故意拥兵自重，想要在齐国称王。齐国不怕别的，就怕燕王换一员大将前来，那即墨这座小城，很快就守不住了。

这番说辞，对燕惠王太有诱惑力了。他本来就看乐毅不顺眼，现在更加猜疑他了。是啊，你打下了齐国七十多座城，现在只剩下两座小城，却一直攻不下来，你是不是起了异心？他越想越气，干脆撤掉乐毅，换上了将军骑劫。乐毅一看形势不好，不敢回燕国了，投奔了赵国，燕国的将士没了大将军，都对燕惠王心生不满。

第二个计策，是激发士气。尽管骑劫不如乐毅，但燕国大军毕竟实力强大，想要战胜敌人，齐军需要鼓舞士气，以一当十。田单怎么办呢？他开始"挑拨"了，要激发齐军对燕国的仇恨。他让人散布言论："吾唯惧燕军之劓（yì）所得齐卒，置之前行，与我战，即墨败矣。"我们齐国人最害怕的，是燕军把俘虏的士兵割了鼻子。如果攻城的时候，让这些割了鼻子的俘虏站成一排，恐吓齐人，燕军肯定能很快攻下即墨。

骑劫果然没有头脑，相信了。"割掉齐国俘虏的鼻子！"他下了一道残忍的命令，齐国将士看见俘虏们的惨状，个个义愤填膺，拼死反抗——反正投降了就要被割掉鼻子，干脆和万恶的燕国人拼命！

过了一阵，田单又让人散布谣言："吾惧燕人掘吾城外冢墓，僇（lù）先人，可为寒心。"我们不仅害怕被割鼻子，更怕燕国人把我们城外祖先的坟墓挖了，侮辱先人的尸体，让我们胆战心惊。骑劫这个残忍而愚蠢的将军，又相信了，一声令下："挖开齐国人的坟墓，鞭尸！"即墨的将士在城墙上看到这屈辱的一幕，一个个失声痛哭，怒气冲冲，想要出城与敌人决一死战。

敌人换了愚蠢的大将，我方的士气又高涨起来，可以决一死战了。田单身先士卒，让自己的妻妾都参与战斗，把自己的饮食与战士共享。军心大盛之下，田单又用了第三个计策——诈降之计，进一步麻痹敌人。

他让精锐战士隐蔽起来，让城中的老弱、妇女登上城墙，表示无力守城。然后将城中百姓的财产全部收集起来，让城中的富商出面，把财产送给骑劫。富商们假意说道："即墨马上就要坚持不住了，破城之日，还请将军放过我们全家老小。"骑劫大喜，仿佛胜利就在眼前，燕军的防备也松懈下来了。

就在燕军幻想着摘取"胜利果实"的时候，田单开始"出大招"了，他准备绝地反击，布置了一个燕人万万想不到的奇计！《史记》中的《田单列传》记载："田单乃收城中得千余牛，为绛（jiàng）缯（zēng）衣，画以五彩龙文，束兵刃于其角，而灌脂束苇于尾，烧其端。凿城数十穴，夜纵牛，壮士五千人随其后。牛尾热，怒而奔燕军，燕军夜大惊。牛尾炬火光明炫耀，燕军视之皆龙文，所触尽死伤。五千人因衔枚击之，而城中鼓噪从之，老弱皆击铜器为声，声动天地。

燕军大骇，败走。齐人遂夷杀其将骑劫。"

田单派人把即墨城中的牛都集中起来，一共有一千多头——可见即墨的老百姓还是很富裕的。他命令士兵，给牛披上红布，在红布上画出五彩的龙纹，在牛角上捆上利刃，然后在牛尾巴上绑上灌了油脂的苇束。牛准备好了，便在城墙上凿出几十个大洞，当天晚上，点火！放牛！还有五千精兵，尾随其后！

牛尾点燃，牛变成了火牛，这些火牛狂躁不已，一头头哞哞叫着，冲向燕军。燕军哪里见到过这种阵势，这来的是什么妖怪？头顶尖刀，尾巴着火，身上都是龙纹！加上即墨城中百姓敲锣打鼓，声震天地，更让燕军惊吓不已，四散奔逃。

这就是田单著名的"火牛阵"！燕军被牛顶死，被齐军杀死，逃跑的时候冲撞而死，简直不计其数。再强大的军队，也经不住这样的攻击，燕军大败，那个愚蠢而残忍的骑劫，也死在乱军之中。于是，田单乘胜追击，当初投降燕国的齐国城市，也纷纷光复，再度插上了齐国的旗帜。田单最终将燕人赶回了燕国，收复了齐国七十多座城池，迎接齐襄王回到临淄即位听政。

经此一役，田单也成为齐国最重要的功臣，被齐襄王封为安平君——他让社稷安定，这可是莫大的功劳啊！

在《史记》中，司马迁高度评价田单的用兵方法，赞他"**出奇无穷**"，有无穷无尽的奇谋！田单本是齐国的一个小人物，但在国家危难之际，他挺身而出，凭借自己的智慧和勇气，完成了一场极为精彩的绝地反击！司马迁写下他的故事，既是为了歌颂他出奇制胜的兵法，也是为了称赞他对国家的使命感与责任感。

在《史记》中，还有很多精彩的战争故事，比如孙膑的**围魏救赵**、韩信的**背水一战**……司马迁的战争描写，十分传神，值得我们去深入品读。

知识 拓展

我们知道，姜太公是齐国的始封君，齐国的国君姓姜，为什么田单成了齐国君主的远房亲戚呢？姜姓和田姓，有什么关系？

这涉及春秋战国时期的一个重要的政治事件——田氏代齐。没错，齐国的国君一开始是姜太公的后代，但随着齐国政治的变迁，田氏逐渐掌握了国家的权柄。到了战国初年，田氏家族的掌门人田常杀掉了齐简公，自立为君，此后，齐国的国君就由"姜"姓变为了"田"姓。

田氏代齐，也是由春秋到战国的标志性的历史事件！

第七章

屈原沉江：最悲情的文人命运

在今天，中国无论南方北方都会过端午节，过端午节是为了纪念战国时期的伟大诗人屈原。

　　在《史记》中，司马迁用饱含深情的笔触，记录了大诗人屈原的一生。屈原是楚国的大贵族，《史记》称其为"楚之同姓也"。在当时，楚国有三个大姓：屈、景、昭，这三个姓的人都是楚国的老牌贵族，地位尊贵。除了显赫的贵族身份以外，屈原还有着极强的政治能力。《史记》中说他"博闻强志，明于治乱，娴于辞令"。"娴"是"熟悉"的意思，屈原博览群书，精通历史，记忆力很好，口才十分出色，还善于使用外交辞令。由此可见，屈原真是治国之良材。所以，他经常与楚怀王商量政事，为楚国制定法律，同时也能够迎接外宾，应对诸侯，深得楚怀王的信任。

　　尽管屈原才华横溢，但他的命运特别坎坷。一个本领高强且道德高尚的人，身处在昏庸混乱的时代，最容易遭受谗言诽谤。用司马迁的话说，就是"信而见疑，忠而被谤"。这里的"见"有被动的意思，屈原一方面深受楚怀王的信任，但另一方面却遭受他人的怀疑。屈原固然忠诚，可最终还是难免被流言中伤。

据《史记》记载，屈原的一生遭遇了各种各样的诋毁，十分不幸，被一贬再贬。司马迁记载了屈原两次被贬之事。第一次，当时朝中有一个上官大夫与屈原一同在朝为官，此人心怀忌妒，处处与屈原竞争。倘若是光明正大的竞争，倒也无妨，可这个上官大夫却偏偏在暗中使手段，搞不正当竞争。

有一次，楚怀王让屈原书写法令，屈原刚写完草稿，便被上官大夫看见了。他一把夺走屈原的草稿，想要据为己有，屈原自然不肯应允。于是，上官大夫怀恨在心，到楚怀王面前中伤屈原："您让屈原写法令，每个老百姓都知道。每当法令颁布，屈原便向他人夸耀自己的功劳，总是说'非我莫能为也'，如果不是我，没人能写得出来！您说说，屈原这么做合适吗？"

楚怀王一听，果然生屈原的气了。"我命你修订法令，你却四处夸耀自己的能力，未免太自傲了！"于是，楚怀王开始怀疑屈原的用心，认为他不可信任。就这样，楚怀王疏远了屈原，不再委以重任。这就是屈原的第一次被贬经历。

屈原可不止这一次被贬，而是一贬再贬。他的第二次被贬，距离第一次被贬的时间很长，还是跟楚怀王有关。

在楚国历史上，楚怀王是一个非常特殊的君王。这个特殊体现在何处呢？他被秦国一骗再骗，是楚国由盛转衰的分水岭。在当时，秦昭襄王假意说："我想与楚国通婚，请你到秦国来，咱们举行盟会吧！"怀王一听，便欲动身前去。但屈原坚持认为不行："秦**虎狼之国**，不可信，不如无行。"秦国是虎狼一样的国度，十分凶残，不值得信任，请您不要前去。

但是，楚怀王有个小儿子，名叫子兰。他告诉父亲说："奈何决秦欢！"为什么要断绝跟秦国的友好关系呢？您应该去啊！我们看，子兰的政治见解相当幼稚，和之前讲过的廉颇、蔺相如对比，差别可太大了，真是在"坑爹"啊！结果呢，由于楚怀王十分宠信小儿子，听了他的意见，便去了秦国。这一去，果然被秦国断了后路，遭到挟持，要求楚国割地赎人。楚怀王大怒，当即拒绝了这一条件！

拒绝秦国的楚怀王，萌生了逃亡赵国的想法。可是，赵国畏惧秦国，并不敢接纳他。最后，楚怀王一辈子被秦国幽禁，最终死于异国他乡。楚怀王一死，他的长子楚顷襄王继位，并让自己的弟弟子兰担任令尹[①]职位。当时，楚国上下都怨恨子兰——你给我们楚怀王出的是什么主意啊！真是逆子！

其中，屈原批评这个令尹子兰，话说得最重。子兰听了之后，恼羞成怒，再次怂恿上官大夫到楚顷襄王那儿，去说屈原的坏话。上官大夫说："屈原觉得您和子兰一样，都是不孝之子，没有把老父亲接回来！"楚顷襄王一听，勃然大怒。这个时候，屈原真是把楚国君臣都得罪透了，从楚顷襄王到子兰、上官大夫，都对他怀恨在心。三个人一起商量：必须把屈原打发得远远的！

于是，楚顷襄王"怒而迁之"。这一贬谪非常彻底，屈原被流放到边远地区，也就是今天的长沙一带，汨（Mì）罗江畔。

---

① 在楚国，令尹相当于宰相，位居百官之首。

就这样，屈原空有满腔爱国热血，无法宣泄，悲愤无比。《史记》中记载，屈原到汨罗江畔，"被（pī）发行吟泽畔，颜色憔悴，*形容枯槁*"。他披散着头发，在江畔边走边吟诗，面容憔悴，身形枯槁。当时，江畔恰巧出现了一个渔夫。这个打鱼的老人家见到屈原，十分惊讶，问道："哎呀！您不是我们楚国的屈原大夫吗？怎么沦落到此？"

屈原答道："举世混浊而我独清，众人皆醉而我独醒！"整个世界都混浊不明，只有我一个人是清白的；所有的人都像喝醉了一样，糊涂不明，只有我一个人是清醒的。但也正因如此，我才被人排挤流放！

他的内心，充满了悲愤之情。

几年之后，楚国国运不兴，一败再败。到了楚顷襄王二十一年，秦国大将白起甚至攻下了楚国的首都。楚顷襄王没办法，只能跟那些喝醉了酒一样的糊涂贵族一起，狼狈不堪地逃难。消息传来，屈原心痛于故国沦丧，在一种极度苦闷、完全绝望的状态下，于农历五月初五那天，投汨罗江自尽。

百姓哀叹屈原的不幸，不忍让鱼龟啃食他的身体，于是向水中抛入粽子。这也就是今天五月初五端午节

的来历。

我们看到，屈原的人生是如此不幸。但正所谓"国家不幸诗家幸"，屈原将这份悲愤之情寄托在文学之中，写成了千古传诵的《离骚》（后编入《楚辞》①）。屈原是中国历史上第一个伟大的爱国诗人，一生撰写了《离骚》《天问》《九歌》《九章》等文学经典，尤以《离骚》最为著称。

什么是《离骚》呢？大家不要简单地从字面上理解。这里的"离"，是通假字，通"罹（lí）"，词义为"遭遇"。至于"骚"，则是"牢骚、忧患"之意。"离骚"的意思，就是"遭遇忧患"。屈原将忧患中的悲愤之情，充分地宣泄于诗歌中，表达了深厚浓郁的爱国爱民之心，淋漓尽致地书写了他的痛苦与悲情。

例如，当表达爱民之心时，他说"长太息以掩涕兮，哀民生之多艰"。他仰天长叹，以手掩泪，感慨百姓生活之不易。为了表达自己不与恶人同流合污的高洁之心，他说"朝饮木兰之坠露兮，夕餐秋菊之落

---

① 《楚辞》是一部骚体类文章总集。由西汉刘向编辑，收录了战国时期屈原、宋玉、景差等人所写的辞赋。

英"，清晨饮用木兰树的露水，晚上食用秋菊的落花，性情高洁，与众不同。为了表达对维护正义、追求真理的执着，他说"路漫漫其修远兮，吾将上下而求索"。道路漫长，我对真理的追求无穷无尽。这些都是中国文学史上的名句。

关于屈原和他的诗作，司马迁感慨道："余读《离骚》《天问》《招魂》《哀郢（Yǐng）》，悲其志。适长沙，观屈原所自沈渊，未尝不垂涕。"我读他的作品，深深感到悲哀；我曾经到过长沙，见过屈原自沉的地方，由衷地为他落泪。在司马迁看来，屈原忧愁哀思而作《离骚》，诗歌，是他在人生绝境中的精神产物。正如人在绝境之中，会向上天呐喊、会呼叫自己的父母一样，屈原的诗就是一种痛苦而悲凉的呐喊。

从某种意义来说，《史记》也是司马迁在绝望中的呐喊。他和这个历史上最悲情的大诗人，有着相似的人生痛苦，也有着共同的反抗方式。是什么？那就是创作！用手中的笔，来抵抗现实的苦难与绝望。

从这一点上看，鲁迅先生说《史记》是"无韵之《离骚》"——没有韵律的《离骚》，实在是说到了司马迁的心灵深处。

屈原有很多粉丝。

李白在《江上吟》中写道："屈平词赋悬日月，楚王台榭空山丘！"他称赞屈原的诗词永垂不朽，可与日月争光。楚王则昏庸无道，招来亡国之痛。他享乐的宫观台榭，现在早已荡然无存，只见荒凉空荡的山丘。

杜甫觉得大家写作时应该"窃攀屈宋宜方驾，恐与齐梁作后尘"，既要学习屈原、宋玉作品的文采，更要学习屈原高尚的品格和诚挚的爱国之心，不要堕入齐梁时期那种轻浮艳丽的浅薄调子里去。

苏东坡禁不住感慨："吾文终其身企慕而不能及万一者，惟屈子一人耳。"我一辈子仰慕，但水平达不到他万分之一的人，只有屈原而已。

鲁迅先生则总结说："较之于《诗》，则其言甚长，其思甚幻，其文甚丽，其旨甚明，凭心而言，不遵矩度……然其影响于后来之文章，乃甚或在三百篇以上。"他觉得和《诗经》相比，屈原的文章篇幅更长，构思充满奇幻色彩，辞藻华丽，主旨鲜明，表达的都是屈原的心声，并不过分遵循诗歌的规矩。《楚辞》对后世的影响力，甚至应该在诗三百（即《诗经》）之上。

第八章

飞将李广：最传奇的一代名将

秦时明月汉时关，万里长征人未还。但使龙城飞将在，不教胡马度阴山。

王昌龄的这首《出塞》，朗朗上口，大家都十分熟悉。"龙城飞将"这个名字，听上去很酷，仿佛一个用兵神速的将军正从天而降，大破敌军。在历史上，"飞将"的原型，就是汉武帝时期传奇而悲剧的一代名将——李广。这一章中，就让我们走进《史记》，看看这位飞将的生平故事。

李广是一代名将。他少年成名，当时人称"李广才气，天下无双"。这个人非常有本事，武艺过人，曾经担任过上郡、陇西、北地、雁门、代郡、云中等地的太守①。这些地方，都处于汉朝与匈奴的交界处，可见

①　相当于地方最高行政长官。

李广勇猛善战，长期戍守边疆，抵御匈奴。不仅如此，李广领兵也很有特点，他迅疾如风，胆略过人，身先士卒，与将士们同甘共苦。最传奇的是，他的箭法特别好，可谓神箭无双①。

在《史记》中，记载了李广带兵打仗的精彩故事。有一次，汉朝与匈奴大战，当时李广的军营中有天子派来的使者。这个使者领着数十人的骑兵队伍外出巡视，结果遭遇了三个匈奴人。几十个人围攻区区三个敌人，看起来易如反掌。于是，使者大呼一声："来吧！"当即带着队伍，向三个敌人冲去。万万没想到的是，这三个匈奴人的箭法特别好，将这几十人杀得干干净净，只有使者一人侥幸跑回了营中。

一见到李广，使者便哭诉道："我们遇到了高手啊！"李广一听，说道："是必射雕者也！"这些人一定是匈奴中射雕的神箭手！但李广并没有退缩，反而坚定地说道："我来追击他们！"于是，他带着上百人，向那三个人追去。表面上看，上百人围剿三人，是一次以

---

① 据说李广有一次将草中的石头误以为是老虎，一箭射过去，箭头没（mò）入石头，箭翎也隐没不见。后来衍生出成语：没石饮羽。

多胜少的军事行动。但当汉军追上匈奴人之后，李广告诉将士们："你们不要打！我一个人来！"只见李广一个人策马冲上前去，箭无虚发，当场射杀两人，还俘虏了一个。高手碰见高手，十分凶险，还是神箭手飞将军李广更胜一筹。

可是就在这时，更加凶险的情况出现了！刚把这个匈奴俘虏了，远远看去，烟尘大起，居然来了数千个匈奴的骑兵！这个时候，李广的一百多个战士可是吓坏了。数千敌军，攻打我方区区一百个士卒，真是让人无处可逃。更糟糕的是，如今就算逃跑，也未必跑得过敌人。就在这寡不敌众的危险关头，李广将军说道："诸位不要急！如果我们此时逃跑，匈奴人一定穷追不舍，我们必死无疑。想要活命，你们听我的，咱们反其道而行之！"

见大家并无异议，李广接着说道："我们做三件事。第一，大胆地朝他们冲去；第二，翻身下马；第三，把马鞍子都解下来。为什么要这么做呢？就是要表示我们有恃无恐，不怕你们。这样一来，敌人一定感到迷惑，担心汉军设下了陷阱。"战士们听了，仍然战战兢兢，但看将军如此从容，那就跟着来吧！

于是，这百余人的队伍迎了上去，在匈奴大军不远处下马解鞍。匈奴人一看，纷纷愣住了：你们不怕死吗？怎么回事？会不会是诱敌之计？这个时候，匈奴人反而不敢轻举妄动了。

说时迟，那时快，李广突然策马狂奔，一箭射倒一员匈奴大将。匈奴人见此人如此勇猛，更加不敢行动了。耗到半夜，匈奴人想来想去，觉得汉人一定还有伏兵，索性撤兵求稳。结果，李广的百人部队平安无事，成功回到了军营之中。我们看到，李广不仅箭法无双，而且胆略过人，真乃飞将军也。

还有一次，李广和匈奴人作战，又遇到了寡不敌众、匈奴兵多的情况。不过这次，李广没有逃脱，他身受重伤，被敌军生擒了。匈奴单于久闻李广大名，一听说捉了飞将军，便下令说："一定要把活着的李广带到我面前！"此时李广已经负伤，难以行走。于是匈奴人便牵来了两匹马，在两马中间绑上绳子，搭了一张简易的小吊床，让李广躺在上面。

不过，李广毕竟是飞将军，怎么会听话地躺在吊床上，任人宰割呢？他静静地躺着，一动不动，实则是在麻痹敌人，等待反击的时机。押解李广的队伍走着走

着，突然间，附近出现了一个匈奴骑手，骑着一匹宝马，而且这匹宝马的两旁挂了好多箭！

机会来了！李广见了，大喊一声，一下子腾身而起，跳上了那匹马，一把将马上的匈奴人推了下去，抢走了他的弓箭，扭头策马狂奔。

这一系列的动作，都发生在

电光石火之间，真是千钧一发！匈奴人都惊呆了：这人分明已经奄奄一息，还有这两下子？快追吧！于是，众人赶忙在后边追赶。但此时的李广已经缴获了武器，既有弓，又有箭。只见他左右开弓，将追兵纷纷射杀，孤身脱险。重伤之下，李广虽然寡不敌众，却能箭无虚发，神勇突围，真是了不起！在当时，李广名震天下，是汉朝最有名的飞将军，无人不知其神勇。

可是，超凡的能力并没有让李广的军旅生涯顺风顺水，他的命运非常坎坷。为什么呢？在汉朝的时候，身为一个将军，最重要的追求是什么？是立功封侯。但根据汉代的制度，必须有军功，才能封侯。

汉代的军功怎么计算呢？很简单，根据杀伤和折损的数量比来计算。杀敌一万，自损三千，那就是杀伤七千人的功劳；杀敌一万，自损两万，那就要按照折损一万人定罪；杀敌一万，自损一万，则功过相抵。李广虽然勇猛，但是运气不好，总是以寡敌众，碰到匈奴人的主力。

除我们讲过的战事之外，还有一次，李广率四千人的部队，却碰到了四万个敌人！无论他多么勇猛、射杀多少敌人、打得多么精彩刺激，如此折算下来，要么是功过相抵，要么是损失偏多，甚至还要面临下大狱的处罚呢！

所以，李广一辈子都没有封侯，这就是所谓的"李广难封"。

到了他人生最后一仗，李广已经是一个六十多岁的老将了。他跟随大将军卫青出征匈奴，当然希望把握机会，建功立业。于是，他申请担任先锋。但汉武帝和卫青都觉得，李广老了，实力不复当年；而且他的运气实在不好，打头阵不太吉利。于是，便安排他从右路迂回进军。

结果呢，李广将军的运气确实不佳，他的部队居然迷路了，直到大战结束，才赶赴战场。按照军法，这样的严重失误，必须问责。

李广长叹一声，对将士们说道："我自少年以来，就和匈奴交手，一生经历了大大小小的七十余战。但是，我一直没能建功封侯；没想到最后一次机会，大将军又让我迂回远行。如今我迷路了，这真是天命啊！我已经六十多岁了，不愿再下大狱，忍受这样的屈辱！"

说罢，李广将军拔刀自尽。军中上上下下痛哭流涕，汉朝的老百姓听说了这件事情，男女老少也为他垂涕不已。一代豪杰黯然神伤，挥刀自尽，实在是令人伤感。

这就是《史记·李将军列传》中的故事。在此，司马迁对李广给予了极大的同情。他说："百姓闻之，知与不知，无老壮皆为垂涕。"李广之死，无论认识他还是不认识他的人，都为他落泪，大家都同情他。我们之前说过，由于自身的身世之悲，司马迁特别善于描写悲剧英雄。那些拥有巨大才华和勇气的人，在历史和命运面前黯然收场；尽管他们失败了，但是司马迁仍然非常努力地展现他们生命中的璀璨光彩，希望他们能够在历史中留下令人难忘的印记。

知识拓展

　　飞将军李广的故事，充满了戏剧冲突和命运的悲剧感，无数人喜欢他的故事，在他身上代入自己的身影和心绪，写出了精彩的作品。

sài xià qǔ
塞下曲

táng　　lú lún
［唐］卢纶

lín àn cǎo jīng fēng　　jiāng jūn yè yǐn gōng
林暗草惊风，将军夜引弓。

píng míng xún bái yǔ　　mò rù shí zú zhōng
平明寻白羽，没入石镞中。

téng wáng gé xù
滕王阁序

táng　　wáng bó
［唐］王勃

……嗟乎！时运不齐，命途多舛。冯
唐易老，李广难封。屈贾谊于长沙，非
无圣主；窜梁鸿于海曲，岂乏明时？所
赖君子见机，达人知命。老当益壮，宁
移白首之心？穷且益坚，不坠青云之志。
酌贪泉而觉爽，处涸辙以犹欢。北海
虽赊，扶摇可接；东隅已逝，桑榆非晚。
孟尝高洁，空余报国之情；阮籍猖狂，
岂效穷途之哭……

第九章

荆轲刺秦：最勇猛的侠义刺客

春秋战国的历史舞台，常常被位高权重的贵族所占据。王侯将相出身高贵，平民百姓则匍匐于社会底层，没有太多展现才华、智慧与勇气的机会。所以，历史的书写也往往聚焦在贵族身上，看不到百姓平民的身影。

　　相比之下，《史记》的重要特点之一，即充分展现平民的勇气和风采。司马迁不仅为帝王将相立传，更为那些具有特殊意义的社会群体立传，描写侠客的《游侠列传》、描写商人的《货殖列传》，都是其中的代表。这一章要讲的，则是《史记》中的《刺客列传》。

　　值得思考的是，司马迁为这些刺客、杀手与亡命之徒立传，背后的原因是什么呢？关于这个问题，等我们看完了《刺客列传》中最精彩的故事——荆轲刺秦王，就可以理解个中道理。

荆轲刺秦王发生在战国末年。这个秦王，就是后来的秦始皇——嬴政。尽管秦始皇小时候曾和燕太子丹同为人质，二人有种"发小"的关系，但嬴政即位之后，不顾旧情，一心一意想灭了燕国。燕太子丹面对秦国的威胁，咬牙切齿地想要报仇。

可是，燕太子丹能怎么报仇呢？如果正面作战的话，秦军勇冠天下，已经夺得天下大半土地，弱小的燕国一定打不过秦国。燕太子丹只好出奇制胜，派出刺客，刺杀秦王。派谁去呢？这时，有人给燕太子丹推荐了大侠荆轲：此人武艺高强，胆略过人，定可胜任！

于是，燕太子丹召见了荆轲，百般厚待。正所谓"士为知己者死"，面对燕太子丹的请求，虽然知道这是条死路，但荆轲还是答应了下来。

但是，刺杀秦王谈何容易？别提行刺一事，就算想见到秦王，就已经千难万难。为了这场刺杀，燕国上下进行了充分的准备。首先，燕国有一块好地方，叫作督亢①之地。燕国假意把督亢之地献给秦国，准备

---

① 在今河北涿州市东。灌溉便利，是燕国著名的富饶地带。

了督亢之地的地图。古代的地图是卷起来的，暗杀的匕首就藏在里头。不仅如此，这把匕首也不一般，是当时一个叫徐夫人[1]的高手制作的匕首，淬有剧毒，见血封喉。其次，当时秦国有一员大将逃亡到了燕国，此人叫樊於（wū）期。他的父母，乃至整个家族，都被秦王所杀。为了让秦王接见荆轲，为了给自己的家人复仇，樊於期慷慨自尽，用自己的人头作为给秦王的献礼。最后，荆轲还配了一个助手，叫秦舞阳，是燕国著名的勇士，一个年轻的亡命之徒。

万事俱备，只欠刺杀。荆轲出发之时，燕太子丹带领着宾客相送，大家都明白，荆轲此去必死，所以都穿白衣白冠，到易水河畔送他。为什么是白衣白冠呢？这是古人的丧服，表明此行专为送葬而来，相当悲壮。

易水河畔的冷风飕飕地刮过来，荆轲慨然而叹，唱了一句歌："风萧萧兮易水寒，壮士一去兮不复还。"我

---

[1] 此人姓徐，名夫人，他是赵国的铸剑名家。

知道这次赴秦，一定回不了燕国，但我仍毅然前行！当时送行的人"士皆瞋目，发尽上指冠①"。他们怒发冲冠，被荆轲的行为与气魄深深打动。荆轲上车西行，终已不顾，一路之上，再不回头。燕太子丹看着荆轲的背影，黯然垂涕。

到了秦国，荆轲请人向秦王汇报：燕国愿献上督亢地图和樊於期的人头，请您接见我们！秦王听闻大喜："那好吧！就满足你们的要求！"得到接见就意味着刺杀将近，但万万没想到的是，在求见秦王的过程中，秦舞阳掉了链子。怎么回事呢？原来，秦王接见荆轲时，朝廷上下的场面非常宏大，两旁站满武士，勇猛非凡。秦舞阳虽然胆大，但是没见过这等世面，一想到自己即将刺杀秦王，更加怯场了。他"色变振恐"，一边上台阶，一边发抖。

大臣们一看，疑心大起："这使者怎么回事？是不是有什么阴谋？怎么一到殿上，就发抖个不停？"秦王一看，也大为奇怪："此人何以心虚发抖？"这个时候，秦舞阳一句话都说不上来，眼看着就要被识破！

---

① 衍生出成语"发上指冠"，头发竖起，形容极其愤怒。

千钧一发之际，荆轲从容不迫，回过头看着秦舞阳，笑道："哎呀！实在抱歉！这个乡下来的土人！他没见过世面，不曾见过天子，也没感受过这么大的场面，所以才哆嗦成这个样子！真是太丢人了，希望您原谅他！"

秦王一听，也觉得很好笑。此人可真是胆小，令人瞧不起！但毕竟疑心已起，他担心这二人可能有问题，便告诉荆轲："寡人不怪罪他！但地图和人头，只能由你一个人送上来，你的助手不能前来！"这样一来，荆轲刺杀的难度就大多了——本来是两个人一起行刺，如今只能一个人孤身奋斗，怎么办呢？没办法，事已至此，只能上！

荆轲捧着督亢地图，上前献给秦王。他把地图往桌上一放，说道："让我指给您看，这督亢之地的形势是这样的……"荆轲一边说着，一边把卷轴一点一点打开。秦王看得聚精会神，警惕之心逐渐松懈下来。荆轲缓缓打开地图，等到地图完全展开的时候，露出一把明晃晃的匕首——匕首随着地图的完全展开而暴露出来，这就是成语"**图穷匕现**"的来历。匕首一露出来，秦王大惊失色："刺客！"

说时迟，那时快，荆轲左手抓住秦王的袖子，右手拿着匕首用力一捅。秦王大惊，往后一跳，轻薄的袖子已经被扯断，但这一刺也刺空了。刺空之后，荆轲继续追击，秦王当即想要拔剑自卫。但没想到剑身过长，秦王拔不出来。就在这时，荆轲迅速逼近，没办法，秦王大喊一声："哎呀！"绕着柱子撒腿就跑，荆轲就在后面追，两个人一前一后绕着柱子转圈。

当时，秦国法令有规定，上朝的大臣不能带兵器，殿下的武士若没有秦王的命令，也不能上来。结果没一个人能帮上秦王，只能眼睁睁看着，秦王与荆轲一圈一圈地追逐。大家都吓蒙了！

这个时候，秦王的一个医生，叫夏无且。他没有武器，但手边有个药囊，便急中生智，一把朝着荆轲砸过去。荆轲一听，有暗器！低头一躲，药囊砸在地上，药粉四溅。这时，秦王已经逃开了。左右侍从一见，连忙喊道："王负剑！"什么叫负剑？就是把剑背过去，这样比较容易拔出。

就是这短暂的空隙，给了秦王拔剑的时间。秦王抽出长剑，转身来砍荆轲。荆轲手里是匕首，短不敌长，他身中数剑，倒在血泊之中。倒地以后，荆轲拼

尽全力，准备进行最后一击。他把匕首向秦王用力一扔，希望能够刺中。可惜的是，荆轲没怎么练过投掷暗器，匕首扔过来，与秦王擦耳而过，打在铜柱子上，溅出的火花在秦王的耳旁炸响，吓得他通身冷汗。

荆轲刺秦失败，他的命运是可以想象的。荆轲虽然被杀死了，但秦王也彻底吓坏了。《史记》记载，当时秦王目眩良久，脑子里嗡嗡作响。荆轲固然是个小人物，是一个没有什么辉煌家世的平民，没有出生在钟鸣鼎食的贵族之家，但凭着绝对的勇敢无畏，凭着随机应变的头脑，他慷慨从容，武艺高强，在秦王面前毫无惧色。荆轲刺秦王，是史书上特殊而精彩的一笔。在司马迁看来，这种刹那的精彩，就像划过苍穹的流星，虽然短暂，但在天空中留下了让人难忘的璀璨光芒。刺秦失败了，很快，燕国也灭亡了，荆轲的努力阻拦不住秦王统一天下的步伐，但他的勇气、他的武艺、他的气概，都在历史上留下了难忘的印记。

《史记》书写历史，不仅要写满天的星斗，也要记住这刹那的光芒。某种意义上，这种刹那的光芒彰显出普通百姓的力量和勇气，这也是《史记》"人民性"的展现。

知识拓展

据说司马迁在撰写荆轲的故事时，听到不同的说法，有人说荆轲也伤到了秦王。虽然这个说法能塑造出荆轲的勇猛形象，但却不符合历史的真实情况。所以，司马迁并没有将其写入《史记》。在这里，你是否感受到司马迁秉承的尊重历史的理念呢？

而且，司马迁认为，尽管荆轲没有伤到秦王，但没有成功又能怎样？荆轲舍生取义的精神是真实不虚的。这种精神，如皎皎明月，照耀千古，让他名垂后世。

除了荆轲外，《史记》里还记载了另外四个刺客的故事。他们是曹沫、专诸、豫让、聂政。你可以去读读这四个刺客的故事，他们大多和荆轲一样，有着悲剧性的命运。

想一想，司马迁为什么写下他们的故事？他最看重刺客身上怎样的精神？

第十章

陈胜起义：最豪迈的平民宣言

在司马迁的笔下，不仅有帝王将相的精彩，更有平民百姓的豪迈。荆轲刺秦王的故事固然让人难忘，但这并不是《史记》中最具豪情的平民故事。在《史记》中，真正代表平民百姓走上历史舞台，发出震天动地之呐喊的历史记录，还应属陈胜与吴广的故事。他们的人生经历究竟如何？欲知详情，就请翻开《史记·陈涉世家》，一起欣赏一下其中最为豪迈的平民宣言吧。

所谓"世家"，是《史记》中的一种体例，主要用于记载历代诸侯的事迹。比如《晋世家》与《楚世家》，记录的是春秋战国时期晋国与楚国的历史；《萧相国世家》与《留侯世家》，则是汉初封侯的萧何、张良及其后代的故事。在《史记》中，只有两个平民被破例写进"世家"，因为他们的人生事迹拥有极为重要的历史影响。他们是谁？一个是《孔子世家》里的孔子，另一个则是《陈涉世家》中的陈涉。孔子是至圣先师，万世师表，写进"世家"不难理解；但陈涉又是谁呢？他为什么能被写进世家呢？

陈涉就是陈胜，"涉"是陈胜的字。陈胜年少的时候，尚是一介雇农，没有土地，为别人耕种，非常穷苦。种地种累了，他便在田边感慨，说了一句十分有名的话——"苟富贵，无相忘。"兄弟们，如果咱们富贵了，千万不要忘了彼此啊！

陈胜在少年时期就已经颇有野心，但其他人却不理解，便笑话他："你一个受雇种地的人，谈什么富贵啊？真是想多了！"陈涉听了，长叹道："嗟乎，燕雀安知鸿鹄之志哉！"这句话也是千古名句，意思是："哎呀！你们这些小麻雀、小燕子，又怎能理解天鹅高飞的远大志向呢！"

陈胜长大之后，当时秦国发动百姓，命令他们到北方戍守边疆，非常辛苦。接到命令以后，陈胜带着九百人一路北上，但没想到，"会天大雨，道不通，度已失期"。他们偏偏碰到大雨，道路不通，眼看着就要超过规定日期！迟到了有什么下场呢？"失期，法皆斩。"秦国法律严酷，一旦迟到，百姓们便要被斩首。大家想想，今天如果有同学上学迟到，谁敢说"迟到，法皆斩"呢？但秦国就是如此，以严刑峻法治国，十分残酷。

这样一来，大家没了活路。于是，陈胜与吴广二人凑在一起商量道："今亡亦死，举大计亦死；等死，死国可乎？"今天逃亡也是死，造反失败也是死，同样难逃一死，我们要死得有气魄！此话振聋发聩（kuì），大家一听，不由得心中一震。

但应该如何造反呢？陈胜、吴广继续说道："天下苦秦久矣！"秦国残暴，不得民心；一旦起义，自然可得民心。只不过，起义还要有响亮的旗号。秦二世胡亥继位不正，本该继位的是贤良的大公子扶苏。秦国人都心向扶苏，却还不知道他已被秦二世杀害。对楚国人来讲，他们一直爱戴大将项燕 [1]，有人认为他因抗秦而死，有人则认为他逃亡在外。我们如今起

---

[1] 项燕抗秦而死，受人爱戴，陈胜吴广也要打着他的旗号来起义。知道了这一点，也就明白为什么项羽跟随叔叔项梁起义时，能一呼百应了。这是因为，项梁是项燕的次子，项羽是项燕的孙子。项梁和项羽是楚国将军世家的后代，自然有很大的号召力。

义，可以打着公子扶苏与将军项燕的旗号，自然深得民意。

事实上，扶苏与项燕是完全不相干的两个人——秦始皇的儿子和楚国的大将，有什么关联呢？但这并不重要，以此二人为旗号，可以各得一部分民心，二者加在一起，便可获得最大的支持。吴广觉得这样做颇有道理，便同意了。除此之外，还得做些什么呢？陈胜眼珠一转，对吴广说："若真想收获人心，还应该取得鬼神力量的支持。"吴广一听，想了一会儿，说道："可在一块布条上写三个字：'陈胜王（wàng）①'，然后将布条藏到鱼肚子里。"

于是，士兵们买到了这条特殊的鱼，煮熟了一吃，居然吃出一张布条。人们把布条拿出来一看，上面赫然写有"陈胜王"三字，可真是离奇！这条鱼告诉他们，陈胜要称王了！不仅如此，陈胜还让吴广藏在大家驻扎地点旁边的祠堂里，在晚上点燃篝火，就像鬼火一样。吴广学着狐狸的声音，尖声叫道："大楚兴，陈胜王！"大楚就要兴盛，陈胜就要称王了！这样一来，

---

① "陈胜王"的"王"在这里用作动词，指称王。

九百多人都十分惊慌，大家看陈胜的眼神，就像看鬼怪一样。"这个人真是有点不对劲，实在吓人！太神奇了，他是不是真的要称王啊！他还真有一种王者气质！"

人心渐成，但距离正式起义还需要一个机会。有一天，机会来了！当时，秦国将领看管陈胜等九百多个人，吴广见了，就故意惹怒这些将领，对他们说道："反正我们要迟到了，不如逃跑算了吧！"将领一听，大怒道："你胆敢逃跑！"于是，便怒气冲冲地开始鞭打吴广。这个时候，一不小心，秦国将领的佩剑滑了出

来。吴广一见，一跃而起，迅速抢过利剑，一剑砍死了将领，陈胜也帮助他连杀二人。

大家见此情形，大惊失色："你们居然杀掉了秦国的将领！"陈胜与吴广看着大家的反应，将他们召集到一起，说道："公等遇雨，皆已失期，失期当斩。"我们碰到了大雨，都迟到了，都得被砍头！即使不被砍头，戍守边疆也是凶多吉少。既然如此，"壮士不死即已，死即举大名耳！"真正的壮士，要么不死，既然要死，就应该收获历史上响当当的名声！

大家听了这话，是否觉得熟悉？司马迁也说过类似的话："人固有一死，或重于泰山，或轻于鸿毛。"人要在历史上留下响当当的名声，这才是重于泰山的好男儿。最后，陈胜大声疾呼："王侯将相，宁有种乎！"不要觉得那些贵族有多么了不起，那些高高在上的王侯将相，难道是生来如此吗？不是的。我们努力一搏，同样能登上历史的舞台！"王侯将相，宁有种乎"，这是中国历史上最豪迈的平民宣言，掷地有声，响彻千古。

于是，陈胜吴广领着大家揭竿而起，在大泽乡起义，这是中国历史上第一次农民起义。农民起义的熊熊烈火燃烧起来，引发了秦末抗秦战争与楚汉争霸的历史风云。陈胜、吴广名动天下，陈胜被尊为陈王。尽管他们的起义最终失败了，但其影响一直振荡在历史的天空中。"王侯将相，宁有种乎"，这种豪迈的气概鼓舞着历史上千千万万穷苦出身的平民大众，只要足够努力、足够拼搏，就有可能登上历史的舞台。所谓"天下兴亡，匹夫有责"，在中国人看来，国家的命运、历史的方向，和每一个普通人息息相关。

《史记》讲到这里，我们为你介绍了悲壮的英雄、智勇双全的使者、坦荡诚恳的君子，也介绍了紧张的历史瞬间、精彩的绝地反击，介绍了悲情的文人墨客、传奇的一代名将，还介绍了陈胜与吴广的豪迈呐喊，以及荆轲刺秦王的光彩瞬间。《史记》为我们展现出宏阔的历史画面，让我们感到了真实的情感触动，既为一代豪杰拍案叫绝，也为悲剧英雄黯然神伤。

司马迁在书写历史，也在抒发自己的感情。这部书记录了伟大的历史，也记录了深刻的生命思考。我们的讲解，为你打开了进入《史记》的一扇窗，希望你在未来的学习中，走进《史记》中悠悠数千年的历史，从中收获启迪与智慧，收获不屈不挠的生命力量！

知识拓展

　　我们知道了陈胜、吴广起义的事迹，他们起义后短短六个月的时间，队伍从不足千人发展到十万人、数十万人，但你知道他们为何很快由盛转衰，为何失败吗？

- 过早称王，暴露野心。早早去建设宫殿，还选了百官。
- 任用的亲信不少是野心家，官员被部下谋杀的事情多有发生。
- 滥封诸侯，而且不是以才能为择将标准。
- 对部下的烧杀抢掠行为，睁一只眼闭一只眼，失去民心。

　　关于这个问题，还有很多不同的看法。希望你去找找属于自己的答案！

《史记》时间线

汉

- 司马迁的外孙杨恽（yùn）将《史记》公之于众，引起巨大反响。

- 汉代文学家扬雄夸赞这本书为"实录"，强调司马迁坚守了史书的求实精神。

- 汉代史学家、《汉书》的作者班固，夸赞《史记》"其文直、其事核，不虚美、不隐恶，故谓之实录"。意思是《史记》文章直白，记载的事情经过核实，不会凭空加以赞美，也不会掩饰古人的过错，有实录精神。

唐

- 唐代的学者开始给《史记》做注释。唐朝司马贞的《史记索隐》、唐朝张守节的《史记正义》，加上南朝裴骃（yīn）的《史记集解》，被后人称为"史记三家注"，是注释史记的经典之作。

- 唐宋八大家里的韩愈非常推崇《史记》的文学价值，他认为司马迁的作品"雄深雅健"。

- 唐宋八大家里的柳宗元也爱《史记》，他夸赞《史记》浑然天成、滴水不漏，想增一个字也增不了；遣词造句，煞费苦心，想减一个字也减不了。

宋

- 印刷技术的进步，推动了《史记》的广泛传播。

明清

- 明代对《史记》的研究开始兴盛。

- 明末清初著名的点评家金圣叹把《史记》《庄子》《离骚》《杜工部集》《水浒传》《西厢记》评定为"六才子书"。

现代、当代

- 和康有为一起发起戊戌变法的梁启超认为"史界太祖，端推司马迁"，他认为《史记》是中国通史的开创者。

- 作家鲁迅称《史记》为"史家之绝唱，无韵之《离骚》"。

- 作家郭沫若称："《史记》不啻（chì）是我们中国的一部古代的史诗。"

- 史学家翦（Jiǎn）伯赞认为司马迁是中国历史学的开山祖师，《史记》是一部以社会为中心的历史著作。